BIBLIOTHÈQUE DU VIEUX PARIS

GASTON DUCHESNE

Mademoiselle de Charolais

PROCUREUSE DU ROI

Amours de Louis XV et des Demoiselles de Nesle

Les Petits Cabinets de Versailles

Les Orgies de Madrid. Le Parc aux Cerfs

D'après des notes d'Archives et les Mémoires de l'époque.
Ouvrage orné de 2 portraits gravés

Mademoiselle de Charolais

PROCUREUSE DU ROI

Amours de Louis XV et des Demoiselles de Nesle

Les Petits Cabinets de Versailles

Les Orgies de Madrid. Le Parc aux Cerfs

D'après des notes d'Archives et les Mémoires de l'époque.
Ouvrage orné de 2 portraits gravés

PARIS (IX')

H. DARAGON, LIBRAIRE-ÉDITEUR

96-98, Rue Blanche, 96-98

Mademoiselle de Charolais

PROCUREUSE DU ROI

IL A ÉTÉ TIRÉ DE CET OUVRAGE :

15 *exemplaires sur papier du Japon*

Louise Anne de Bourbon
(Mademoiselle de Charolais) + 1758.

GASTON DUCHESNE

Mademoiselle de Charolais

PROCUREUSE DU ROI

Amours de Louis XV et des Demoiselles de Nesle

Les Petits Cabinets de Versailles

Les Orgies de Madrid. Le Parc-aux-Cerfs

D'après des notes d'Archives et les Mémoires de l'époque.
Ouvrage orné de 2 portraits gravés

PARIS (IXe)

H. DARAGON, LIBRAIRE-ÉDITEUR

PRÉFACE

—

En entreprenant d'écrire l'histoire de Mlle de Charolais, la fameuse princesse du sang qui laissa d'elle une si mauvaise mémoire, nous n'avons voulu nous attacher qu'aux côtés amoureux et méprisants et voir si vraiment elle n'était pas digne d'être réhabilitée dans l'esprit de ceux qui s'occupent d'étudier les époques de la Régence et de Louis XV. Nous sommes obligé de reconnaître que nous y sommes si peu parvenu que la mémoire de Mlle de Charolais restera telle qu'elle est actuellement connue, c'est-à-dire telle que l'ont présentée les journaux et les écrits du temps.

Cependant, bien des points ont été éclaircis et ce nouvel ouvrage que nous présentons avait sa raison d'être.

Nous n'avons donc voulu nous appuyer que sur les écrits des contemporains de la princesse : Mathieu Marais, l'avocat Barbier, d'Argenson, le duc de Luynes, Mme du Hausset et simplement sur les rôles amoureux qu'elle vécut ou regarda vivre autour d'elle et surtout autour du roi.

Le roman par sa teneur et surtout le roman historique ont faussé bien des idées et ont fait de certaines périodes comme de certains personnages des périodes et des personnages méconnaissables. D'un nom comme ceux du Régent, de Louis XV, du maréchal duc de Richelieu, de périodes comme celles qui s'écoulèrent de 1733 à 1744, de maisons, comme celle du Parc-aux-Cerfs, les auteurs de romans ont écrit des monstruosités, ont fait vivre des orgies, des saturnales que faisaient connaître les petites chansons et les pamphlets. Mais, au réel, il n'y a eu dans tout cela que beaucoup d'exagérations et nous en donnons une preuve en consacrant un chapitre spécial à ce Parc-aux-Cerfs sur lequel on raconta mille choses qui n'ont pris naissance que dans l'imagination des auteurs romanciers.

Par conséquent, en étudiant le rôle méprisable de Mlle de Charolais, on était forcément conduit à relever bien des idées fausses et, pour ne pas donner à ce volume le ton docte qu'eût employé un redresseur de torts, nous nous sommes borné à raconter la vie amoureuse de la princesse, le rôle qu'elle joua à la

Cour particulière du roi, nous fiant à l'esprit éclairé du lecteur qui reconnaîtra lui-même ce qu'il y a d'exagéré dans les écrits romantiques qui furent publiés à cette époque.

* *
*

Il est certain que les mœurs de la Régence, époque à laquelle Mlle de Charolais arriva à la Cour, facilitèrent singulièrement son instruction et l'engagèrent dans une voie de débauches de laquelle elle ne devait plus sortir.

Louis XV, qui nous paraît, au début de son règne, comme un timide, « un bourgeois », ne tarda pas, sur les instances de ses familiers, à suivre les conseils qui devaient faire détester son règne.

Par goût, le roi d'abord n'aima guère les femmes, quoique son âge n'eût point calmé ses ardeurs et ses appétits. Son tempérament était assez fort pour supporter quelques orgies. Mais aussi ce qui l'entraîna surtout à prendre des maîtresses fut la facilité avec laquelle il les obtint. Il disait volontiers, pour s'excuser devant quelques prudes, que son rang, sa naissance, sa situation lui faisaient une obligation d'avoir une maîtresse. Il ne s'y résigna cependant pas dans les premiers temps. Pourtant, ses vertus émaciées par la vie qu'il mena de 1733 à 1744 lui firent une obligation d'avoir une maîtresse attitrée, créant à sa cour *une fonction, se conformant en cela à l'usage qu'avait établi Louis XIV et que tous les princes d'Europe s'étaient empressés d'imiter, cette fonction réglée par l'étiquette, le roi devant avoir une maîtresse, comme il avait un confesseur et un valet de chambre particulier. Qu'importait que la maîtresse fût jolie et intelligente ! C'est alors que l'on vit venir à la Cour Mme la marquise de Pompadour et la Du Barry.*

La période vraiment intéressante à étudier est donc celle pendant laquelle le roi connut les cinq demoiselles de Nesle, les prenant comme maîtresses, au moins deux par deux, rarement séparément.

Cette période vécut de 1733 à 1745. C'est celle pendant laquelle Mlle de Charolais eut un rôle actif qui fut envié et blâmé. Le bon Stanislas ne fit-il pas succéder à Mme de Bassompierre, sœur de Mme de Boufflers, Mme de Cambis, nièce de Mme de Boufflers, et enfin celle-ci ? On prenait donc, méprisant l'inceste, ses maîtresses dans la même famille et se moquant des amants de cœur ; qu'importait à Stanislas que Mme de Boufflers eût des amitiés pour son intendant, M. de la Galaizière, qui lui écrivit ce ravissant quatrain :

De plaire un jour, sans aimer, j'eus l'envie ;
Je ne cherchais qu'un simple amusement ;
L'amusement devint un sentiment ;
Le sentiment, le bonheur de ma vie.

Et pourquoi les personnages de cette époque eussent-ils eu des scrupules ?

Le principe qui dominait leur morale est que la vie est courte et qu'il faut en jouir de son mieux. L'amour leur paraît une chose toute simple, toute naturelle ; c'est la seule chose de la vie qui soit agréable, qui lui donne un charme parce qu'il fait oublier les tristesses et les douleurs. C'est ce que l'on peut appeler de la pure morale païenne.

On était marié au hasard, sans consentement moral, unissant deux noms et deux fortunes, mais n'enchaînant pas deux vies. Chacun cherchait donc de son côté l'affection et la tendresse. Et parce qu'elle était femme, une femme abandonnée par son mari, souvent même le lendemain de ses noces, ne devait pas accepter le sacrifice de son imagination et de son cœur. Le prince de Montbarrey dit très justement : « Comment supposer que le cœur d'une femme ne soit pas occupé ! »

Pourtant, comme, dans le choix de cet amant, la femme n'était souvent pas plus heureuse que ses parents ne l'avaient été dans le choix de son mari, elle pleurait quelque temps, cherchait encore et bientôt n'écoutait même plus son cœur, mais sa fantaisie.

De là cette désinvolture des femmes que l'on ne retrouve à aucune époque.

Aussi, comme le dit M. Gaston Maugras, « l'adul-

tère régnait-il en maître, mais l'adultère serein, paisible, reconnu, légitime ».

De là aux incestes du roi il n'y a qu'un petit pas qui ne fît même pas crier à l'immoralité.

Au reste, tout vous entraînait à l'amour illégitime: l'éducation, les mœurs, les usages, l'exemple, la littérature même. Ne craignait-on pas d'écrire cette épitaphe à Mme de Verrue, épitaphe que Mme de Boufflers prit pour son compte :

> Ci-gît, dans une paix profonde,
> Cette dame de volupté
> Qui, pour plus grande sûreté,
> Fit son paradis en ce monde.

Or, les cinq demoiselles de Nesle que nous étudions au cours de cet ouvrage et qui voguent autour de Mlle de Charolais pourraient adopter les mêmes vers. Toutes, sauf une, moururent jeunes. On peut dire qu'elles quittèrent le roi pour la tombe et c'est ce qui donna à Louis XV ces tristesses, ces causeries sur la mort, ces ennuis contre lesquels Mme de Pompadour lutta sans cesse presque toujours inutilement.

Une des choses les plus curieuses est qu'en même temps que régnait l'amour illégitime, régnait conjointement la dévotion. Mme de Mailly, par exemple, se jeta dans la dévotion dès son exil. Elle chercha, dès lors, à faire oublier les erreurs de sa jeunesse par une vie régulière : elle ne reçut que quelques personnes dont l'amitié l'avait suivie dans l'infortune et partagea son temps entre la prière et les pratiques d'une solide piété. Elle ne conservait de son revenu (le roi lui faisait quarante mille livres de pension) qu'une faible somme et remettait le surplus au curé de sa paroisse pour le distribuer aux indigents. On raconte qu'un jour qu'elle entrait dans l'église Saint-Roch, un homme grossier, choqué qu'on se dérangeât pour lui faire place, dit tout haut :

— Voilà bien du bruit pour une put...

— Monsieur, lui répondit-elle avec douceur, puisque vous la connaissez, priez Dieu pour elle.

De même, Mlle de Charolais vivait, par moments, dans les pratiques religieuses, mais le temps qu'elle y passait la rendait plus ardente encore aux pratiques amoureuses. Aucune femme de l'époque ne l'égala pour préparer des rendez-vous, des entretiens, des petits soupers, des nuits voluptueuses, mais aucune peut-être ne fut aussi méprisée. Quoique princesse du sang, on ne se gênait pas pour lui tourner le dos ou même passer devant elle dans un couloir. Le roi en riait, se moquait d'elle à toute occasion, la renvoyait le matin, et le soir l'envoyait chercher.

Ce qu'elle eût voulu et ce qui ne lui fut pas accordé, c'est d'être jusqu'au dernier jour la « camarade » du roi. Le règne de la Pompadour la relegua au rang de princesse du sang et au rôle décent qu'elle devait tenir à la Cour. Elle ne s'en consola pas, et,

*ne pouvant plus s'occuper des amours du roi qu'à de
rares occasions, elle descendit encore à s'occuper de
celles de petits gentilshommes et mourut peut-être
repentie, certainement dévote.*

Juillet 1908.

MADEMOISELLE DE CHAROLAIS

CHAPITRE PREMIER

La famille de Mlle de Charolais. — Naissance de Louise-
Anne. — Ses différents noms.

Louis, duc de Bourbon, né le 11 octobre 1668,
était devenu l'héritier présomptif du nom, par la
mort de son frère aîné Henri (1), survenue le
5 juillet 1670.

Son père, Henri-Jules (2), connu sous le nom de
duc d'Enghien, s'était surtout occupé d'égaler la
valeur militaire de son cousin : on le trouve à la
prise de Tournay, de Douai et de Lille ; il se si-
gnale en Hollande au passage du Rhin, ainsi qu'à
la prise des places de la Franche-Comté ; combat à Senefs et assiste aux sièges faits en Flandre

(1) Né le 5 novembre 1657.
(2) Né à Paris le 20 juillet 1648, mort le 1ᵉʳ avril 1709.

de 1677 à 1693. Mais, malgré son talent, on ne put le mettre en parallèle avec le Grand Condé, et, à la mort de celui-ci (1686), on peut dire que le duc Henri-Jules reçut une magnifique récompense en prenant le nom de prince de Condé.

Il avait épousé le 11 décembre 1663, il n'avait alors que vingt ans, Anne de Bavière (1), seconde fille d'Édouard de Bavière, prince palatin du Rhin, et d'Anne de Gonzague-Clèves (2).

Louis, duc de Bourbon, épousa, le 24 juillet 1685, Louise-Françoise de Bourbon, *légitimée* de France et appelée Mademoiselle de Nantes, née le 1er juin 1673 (3), fille de Louis XIV et de Mme de Montespan.

De cette alliance naquirent neuf enfants que voici :

1° Louis-Henri.

2° Charles, comte de Charolais, pair de France, chevalier des ordres du roi et gouverneur de Touraine, né le 19 juin 1700. En 1717, il partit secrètement de Chantilly pour aller faire la campagne

(1) Née en 1648, morte le 23 février 1723.

(2) Henri-Jules portait de Bourbon; et sa femme : écartelé aux 1 et 4 de sable, au lion d'or couronné ; aux 2 et 3 lozangé d'argent et d'azur en bande.

(3) Morte le 16 juin 1743. Il portait de Bourbon et sa femme, de France, au bâton péri aux barres de gueules.

en Hongrie en qualité de volontaire dans l'armée impériale contre les Turcs, où il se distingua. Après, il se rendit en Italie, d'où il passa en Bavière. Il fit un long séjour à la cour électorale de Munich et revint en France en 1720; le 16 juin 1720, il fut admis au conseil de régence; le 9 septembre suivant, il succéda au marquis Dangeau au gouvernement de la Touraine; il représenta le comte de Toulouse à la cérémonie du sacre de Louis XV, le 25 août 1722; fut fait chevalier des Ordres du roi dans l'église de Reims, le 27 du même mois, et mourut sans alliance le 26 juillet 1760. Il portait : de Bourbon le bâton chargé d'une fleur de lis d'argent.

3° Louis, comte de Clermont, né le 15 juin 1709, ci-devant abbé de Saint-Germain-des-Prés et du Bec, chevalier des Ordres le 3 juin 1724, lieutenant-général des armées du roi le 6 juillet 1735, gouverneur général de la province de Champagne le 17 septembre 1751, fut fait colonel du régiment d'Enghien, et maistre de camp de deux régiments de son nom. Il assista au sacre du roi, où il représenta le comte de Flandre, mourut le 16 juin 1771 et fut inhumé à Enghien, lieu de la sépulture des Princes de la maison de Condé, le 19 du même mois. Il portait : de Bourbon le bâton chargé d'un croissant tourné d'argent.

4° Marie-Anne-Gabrielle-Éléonore, née le 22 décembre 1690, religieuse professe à Fontevrault le 26 mai 1707, puis abbesse de Saint-Antoine-des-Champs-lès-Paris en 1723, † le 29 août 1760.

5° Louise-Élisabeth, née le 22 novembre 1693, nommée en naissant *Mlle de Charolais*, puis Mlle de Bourbon, mariée le 9 juillet 1713 à Louis-Armand de Bourbon prince de Conti, dont elle fut veuve le 4 mai 1727.

6° Louise-Anne, née le 23 juin 1695, nommée *Mlle de Sens* puis *Mlle de Charolais*, † le 8 avril 1758.

7° Marie-Anne, née le 16 octobre 1697, nommée Mlle de Clermont, surintendante de la maison de la reine, † le 19 septembre 1772.

8° Henriette-Louise-Marie-Françoise-Gabrielle, née le 15 janvier 1703, appelée Mlle de Vermandois, abbesse de Beaumont-lès-Tours depuis 1753, † le 19 septembre 1772.

9° Élisabeth-Alexandrine, née le 15 septembre 1705, appelée Mlle de Gex, puis Mlle de Sens, † le 15 avril 1765.

Et une enfant naturelle :

Louise-Charlotte de Bourbon, appelée Mlle de Dampierre, baptisée à la paroisse de Saint-Séverin, à Paris, le 19 août 1700, † le 5 octobre 1754. Légitimée et mariée le 20 août 1726 avec Nicolas de Changy, baron de Roussillon, marquis d'Aigrevaux, etc.

Louise-Anne de Charolais est donc la sixième enfant de Louis, duc de Bourbon, et, certes, ce fut elle qui occupa le plus longuement la chronique galante du dix-huitième siècle.

Avant d'apprendre son histoire, voici le nom de ses oncles et tantes que nous aurons à citer plusieurs fois au cours de cet ouvrage:

III. — Henri, comte de Clermont, né le 3 juillet 1672, † 6 juin 1675.

IV. — Louis-Henri II, de la Marche, puis de Clermont, 9 novembre 1673, † 21 février 1677.

V. — Marie-Thérèse, 1ᵉʳ février 1666, † 22 février 1732. Mariée le 29 juin 1688 à François-Louis de Bourbon prince de Conti, cousin germain de son père.

VI. — Anne, appelée Mlle d'Enghien, 11 novembre 1670, † 27 mai 1675.

VII. — Anne-Marie-Victoire, Mlle de Sardé, 11 août 1675, † 23 octobre 1700.

VIII. — Anne-Louise-Bénédicte, Mlle d'Enghien, puis *Mlle de Charolais*, née le 8 novembre 1676, † le 23 janvier 1753. Mariée le 19 mars 1692 à Louis-Auguste de Bourbon légitimé de France, duc du Maine, prince de Dombes, etc.

IX. — Marie-Anne, appelée Mlle de Montmorency, puis d'Enghien, née le 24 février 1678, † le 11 avril 1718. Mariée à Louis-Joseph duc de Vendôme, le 21 mai 1710.

X. — Anonyme, appelée Mlle de Clermont. 17 juillet 1679, † 17 septembre 1680.

Et une fille naturelle :

Julie de Bourbon, appelée Mlle de Chateaubriand, née en 1663, légitimée par lettres du mois de juin 1692, † le 10 mars 1710. Mariée le 6 mars 1676, à Armand de Madaillan-de-l'Esparre, marquis de Laffay.

*
* *

Donc, Mlle de Charolais était *arrière* petite-fille du grand Condé.

Lorsqu'elle naquit, elle prit le nom de Mlle de Sens, puis celui de Mlle de Charolais, pour s'appeler, de 1734 à 1745, Mademoiselle tout court. Voici l'origine de ces changements de noms :

A lire Saint-Simon, on apprend qu'elle porta le nom de Mlle de Sens de 1695 à 1707, date à laquelle elle prit le nom de Mlle de Charolais (1).

(1) Il venait de lui naître une sœur qui prit le nom de Mlle de Sens. — Mlle de Clamart était née et Mlle de Vermandois était encore à naître.

Dès 1709, elle reçoit un brevet du duc d'Orléans
pour s'appeler Mademoiselle, tout court, et cependant elle ne semble l'avoir porté qu'à partir de
1734 (1).

Elle est partout plus connue sous le nom de Mademoiselle de Charolais et c'est ce nom que nous
lui conserverons au cours de cette histoire, car ses
contemporains, auteurs de mémoires, comme le
duc de Luynes, Barbier et Mathieu Marais, ne la
désignent pas autrement, tout en lui reconnaissant
l'honneur particulier de se nommer Mademoiselle.

*
* *

Mlle de Charolais, l'aînée et la plus belle des
princesses de la maison de Bourbon, eut le malheur
d'entrer dans le monde et de venir à la Cour au
milieu des excès de la Régence. Elle avait alors
dix-huit ans. Vive et intelligente, curieuse de
nature, son éducation amoureuse fut vite faite, et,
de voir chaque jour l'impudeur du régent lui-même,
ses mœurs s'en ressentirent, et elle en conserva
l'empreinte d'une façon si marquée que, vers 1737,
n'ayant plus l'espoir d'attirer à elle les jeunes
seigneurs dépravés, elle n'eut plus qu'un plaisir :

(1) Voir SAINT-SIMON et SOURCHES, t. X, p. 435.

procurer au roi des maîtresses, et vivre auprès de lui dans les petits cabinets de Versailles ou dans les petits appartements de Madrid comme dans des maisons closes où se commettaient les pires orgies.

Sous la Régence, elle resta « éloignée d'égaler l'impudeur de la duchesse de Berry » et « on lui savait gré de conserver un peu de décence extérieure », et, cependant, comme le régent multipliait ses maîtresses, elle multipliait ses amants.

Sans être méchante, elle avait l'esprit piquant et caustique et s'attira plusieurs fois des reparties assez vives.

Un jour, l'avocat Capon, qu'elle plaisantait pour l'amusement d'un groupe de dames de la Cour et de seigneurs, manqua lui citer tous ses amants. Sans pouvoir en donner la liste déjà longue, il lui cita le chevalier Bavière, le duc de Melun, le fils du duc d'Aumont (qui mourut à 32 ans, en novembre 1723, de ses excès avec la princesse), le prince de Dombes, et même M. de Vauréal (2), l'évêque de Rennes, qui voulait, par son entremise, obtenir le

____

(1) *Histoire de France pendant le dix-huitième siècle*, par LACRETELLE jeune, t. II, livre VI, p. 60. Bibliothèque Nationale L. 307.

(2) Louis Guy-Guerapin de Vauréal, sacré évêque en 1732.

chapeau de cardinal et prétendait à la place de
premier ministre, et dont nous aurons à parler
plus longuement. Mlle de Charolais, mortifiée, lui
tourna le dos et l'avocat Capon craint quelques
jours les rigueurs de la Bastille ou de For-l'Évêque.

Il ne lui avait cependant pas cité le duc de Richelieu, qu'elle faillit épouser en juillet 1720. Mathieu
Marais nous en dit quelques mots dans son journal
à la date du 15 juillet (1) : « On m'a dit, aujour-
d'hui, que Mlle de Charolais, princesse du sang, a
épousé le duc de Richelieu qu'elle aime depuis
longtemps ; que le mariage s'est fait ces jours
passés dans la chapelle de Vincennes ; que la princesse a attendu qu'elle eût vingt-cinq ans, étant
né le 23 juin 1695 et se trouvant majeure le 23 juin
1720 ; qu'elle a fait des sommations respectueuses
à Madame la duchesse sa mère, qui a toujours
résisté à ce mariage aussi bien que la famille
royale, et qu'elle est bien plus contente d'avoir
épousé un duc et pair fort galant qui a cinquante
mille écus de rente, qu'elle aime, et qui la fait rester dans la Cour de France, que d'être souveraine
ailleurs. » Mathieu Marais dit même, ailleurs, que

(1) MATHIEU MARAIS, t. I, p. 325.

son frère, le duc de Charolais, lui dit, quand il apprit son désir : « Encore si vous épousiez un gentilhomme ! »

Si ce mariage n'était qu'un faux bruit, M. le duc de Richelieu n'en était pas moins l'amant de Mlle de Charolais et il est fort probable que la liaison amoureuse devint si notoire et si publique que les deux amants ne pouvaient plus se tirer du mauvais pas qu'ils avaient fait que par un mariage ou une rupture.

Ce fut la rupture qui prévalut. Mlle de Charolais ne paraît pas avoir beaucoup souffert ni pleuré le galant duc de Richelieu, car elle se donna, quelques jours après, au duc de Melun dont le règne fut court, puis au chevalier Bavière. M. le duc de Melun avait tourné ses yeux sur la jeune sœur de Mlle de Charolais, Mlle de Clermont, qui manqua devenir folle de chagrin quand le duc de Melun fut tué dans un accident de chasse.

Le passage de Mlle de Charolais à ces trois amants fit dire à la chronique scandaleuse qu'elle avait voyagé de Richelieu à Melun et de Melun en Bavière. Elle aurait pu ajouter qu'elle revint à Dombes.

En effet, le prince de Dombes, le second fils du prince du Maine, fut son amant. Elle lui avait inspiré une passion très vive, et l'on croit même qu'elle l'avait épousé en secret.

Réellement, sa vie scandaleuse, ses manières, sa grâce même, ne lui procurèrent pas de mari, et, à part ce mariage secret sur lequel on ne possède aucun document affirmatif, elle mourut sans époux.

En somme, depuis l'âge de quinze ans, elle avait eu des amants sans compter et plusieurs enfants. La vie qu'elle menait était connue de la Cour et de la ville. Lorsqu'un de ses amants la laissait enceinte, elle se retirait ou à son hôtel de Paris, ou, plus tard, à sa petite maison de Madrid dont nous aurons l'occasion de parler plus longuement. On la disait malade pendant les six dernières semaines de sa grossesse et on allait s'inscrire chez elle sans insister sur sa maladie. Un jour, malheureusement, un suisse, naïf, répondait à un domestique qui venait s'informer de la santé de Mademoiselle: « Aussi bien que son état le permet et l'enfant aussi. »

N'insistons pas.

Elle fut empreinte de quelques idées religieuses, et, lorsqu'elle se rendait dans ses petites maisons, elle ne craignait pas de vêtir un costume de cordelier, s'appliquant pendant quelques jours à suivre la règle de l'ordre que son imagination lui créait.

C'est de Mlle de Charolais que Voltaire dit en la voyant peinte en habit de cordelier :

> Frère Ange de Charolais,
> Dis-nous par quelle aventure
> Le cordon de saint François
> Sert à Vénus de ceinture.

Il n'est pas sans intérêt de rappeler ici la note des commentateurs de l'œuvre de Voltaire, édition de Kelb, Condorcet et Decroix :

« Voltaire, sachant que l'on chantait des vers sur l'air de Robin Turelure, y ajouta, dit-on, d'autres couplets fort plaisants ; ce portrait donna lieu à d'autres plaisanteries, c'était le ton de l'époque. Ces vers s'adressaient naturellement à Mlle de Charolais :

> Beau saint François, ne souffrez pas
> Qu'on perce vos mains délicates ;
> Dites à l'ange : C'est plus bas
> Qu'il faut appliquer les stigmates (1).

En somme, cette femme, du jour de sa venue à la Cour, jusqu'au jour où elle se jugea trop âgée pour tourner les têtes des seigneurs, et qu'elle sentit mille difficultés à garder un amant, cette

---

(1) *Intermédiaire,* n° 827 du 17 décembre 1881, p. 794.

femme changea ses façons de faire, et, ne pouvant
plus s'occuper de ses propres amours, elle s'occupa des amours d'autrui et principalement de
celles de Louis XV, alors bon prince et bon mari,
méritant, par son travail et ses mœurs, ce surnom
de bien-aimé qu'il sut si mal porter dans la dernière partie de sa vie et de son règne.

CHAPITRE II

Vie de Mlle de Charolais, jusqu'en 1732. Elle essaye de devenir la maîtresse du roi. — Elle obtient le petit Madrid.

Par le sans-souci des mœurs que Mlle de Charolais n'avait pas craint d'afficher à la Cour — la chronique scandaleuse s'était chargée d'aller le répéter à la ville — la princesse avait à la Cour des façons d'être qui eussent été blâmées chez d'autres et que son rang et l'habitude lui faisaient pardonner. On n'a pas craint de dire qu'elle entretenait ses amants grâce non seulement à sa fortune personnelle, mais encore grâce aux dons qu'elle recevait du roi pour ses complaisances.

Le lieutenant de police d'Argenson raconte, dans ses mémoires, un fait qui se passa à Versailles en octobre 1731, et, quoiqu'il ne soit pas bégueule, il ne le termine pas (1) :

« 17 octobre 1731 (Versailles). Le petit Houel,

(1) D'ARGENSON, *Collection de la Société de l'Histoire de France*, t. I, p. 86.

officier aux gardes, frère de Mlle Houel (1), qui a été
la dernière maîtresse de M. le duc d'Orléans, ce
petit officier a gagné cent mille écus au jeu avec
une orange. Voici comment : Il était au jeu avec
Mme la Duchesse et n'avait rien ; il tenait une
orange. *Mlle de Charolais* la lui demanda ; il dit
qu'il n'était pas en état de rien donner à une aussi
grande princesse. Elle lui bailla un écu et, avec
cet écu, il gagna beaucoup cette soirée, et, de là,
il a continué à jouer et gagné ce que je vous
dis là. »

D'Argenson n'ajoute pas qu'à la suite de ce
trait Mlle de Charolais s'offrit une passade avec
le petit Houel et qu'il ne fut question à la Cour,
pendant plusieurs jours, que du bénéfice qu'une
orange pouvait vous rapporter.

Les façons de vivre sous Louis XIV — le roi
n'avait pas craint de faire à ses maîtresses des
cours plus suivies et plus fréquentées que celle
de la reine — les mœurs dévergondées de la
Régence, avaient donné aux seigneurs du commencement du dix-huitième siècle des idées telles,

---

(1) C'est la nièce de Mme de Sabran, qui fit tant parler
d'elle sous la Régence. Mlle Houel était en Provence, dans
un couvent, et c'est Mme de Sabran qui la fit venir, car elle
était jeune, jolie et « affriolante ».

que l'on peut dire que ce sont les nobles eux-
mêmes qui ont amené la Révolution.

L'absence de toute vertu, le libertinage même
était non seulement entré dans les mœurs, mais il
était une mode. C'était la règle absolue. L'infidélité conjugale était plus qu'admise, mais com-
mandée.

Ce qui dominait dans le caractère des hommes
était la bonté, la générosité, la finesse d'esprit, la
fidélité dans l'amitié, la bravoure jusqu'à la folie ;
mais ces cœurs chauds, ces âmes élevées et che-
valeresques, ces amants tendres et passionnés
mais volages, avaient fait pénétrer dans les fa-
milles l'infidélité conjugale non pas comme une
rareté, mais comme une coutume (1). Les regards
restaient sereins devant un mari qui trompait sa
femme, mais ils riaient devant un mari fidèle.
Cela n'était pas possible.

On s'étonne de voir ces personnages, ces grands
noms dont quelques-uns sont restés dans l'his-
oire comme les piliers caractéristiques d'une
époque, se mouvoir avec leurs défauts, mais aussi
tous leurs charmes, et mener leur vie insouciante,
dépensant sans compter, traînant leurs noms

____

(1) *Marie-Antoinette et la Cour de Louis XV*, GASTON MAUGRAS,
Plon, éditeur.

dans les alcôves, les petites maisons et les maisons closes.

L'influence se fit ressentir jusque dans les arts, en goût, en grâce, surtout en élégance, ornant les boudoirs, les temples d'amour, les petits cabinets où se réunissaient les groupes aristocratiques, où se nouaient les intrigues, où se jouait l'amour, avec l'insouciance avec laquelle si souvent on écoute une représentation théâtrale, un joli air de musique. Les femmes reçoivent couchées, on connaît les alertes en amour, on se rit de ceux qui ont reçu le coup de pied de Vénus.

L'esprit domine, et ni parents ni amis ne peuvent retenir une repartie spirituelle. Comme une fusée approchée du feu, il faut qu'elle parte; elle encense ou mord, mais elle fait toujours rire; elle est maîtresse de tout, absolue, elle domine en prose, en vers, en couplets; et son empire se manifeste entièrement dans les correspondances, les souvenirs, les gravures, les livres, les beaux arts; et ces mœurs faciles, toutes d'élégance et de finesse, mêlées d'amours ont donné la suprématie à la femme.

Mais la femme n'est pas considérée au point de vue de la famille, mais comme maîtresse, comme amante; elle doit tout obtenir : places, brevets, honneurs. La mère pousse sa fille dans les bras de l'homme qui est en place, approche du conseil du roi, parle aux ministres, est bien en Cour, — et, du reste, la jeune fille ne s'en effarouche pas trop. Elle est élevée au couvent. Mais les intrigues de Cour pénètrent dans les dortoirs, dans les cellules mêmes, et troublent les cœurs. Il y a même, dans ces couvents, des recluses volontaires, des jeunes femmes de la haute noblesse que certains maris, certains parents qui se font moquer d'eux à la Cour, ont envoyé se mortifier parce que leur intrigue n'a pas eu l'élégance qui est de règle; et, au couvent, dans leurs appartements, ces femmes reçoivent leurs amants. Telle est l'éducation des jeunes filles; aussi, dès qu'elles coudoient la foule gracieuse, spirituelle et amoureuse de la Cour, elles se laissent entraîner par le geste, la parole, l'élégance, et mènent bientôt la vie qui est de mise à la Cour : elles ont des amants.

Princesse du sang, Mlle de Charolais mit tout en usage pour se procurer un amant digne de son nom et de sa naissance, mais elle se heurta au caractère vertueux et doux du roi, quoiqu'elle mît toutes ses grâces et toutes ses agréables formes en usage pour séduire le jeune monarque. Elle n'eût point rougi de devenir la maîtresse d'un roi dont sa sœur avait dû être l'épouse. Mais Louis XV trompa l'espoir de la princesse par une retenue dont il n'osait encore s'écarter. Le cardinal voyait son jeu d'un mauvais d'œil. Il craignit de perdre son crédit et, de son côté, mit tout en œuvre pour combattre l'intrigante qui voulait s'emparer du cœur royal.

Si elle ne réussit pas à se faire agréer par le roi comme maîtresse, on ne peut cependant pas lui refuser d'avoir été la première à détourner Louis XV de l'amour de sa femme; et son amour de l'intrigue fit qu'elle s'associa d'une manière scandaleuse aux débauches nocturnes du roi.

« Afin de l'empêcher de vivre plus longtemps en bourgeois », disait-elle, elle s'ingénia à lui trouver des maîtresses, à lui procurer des plaisirs scandaleux, et fit si bien qu'elle acquit pendant longtemps un crédit que, seule, la vraie maîtresse du roi pouvait lui contester.

Elle s'était approchée du roi de façon assez curieuse. Son frère, M. le comte de Charolais, sur lequel coururent des histoires tantôt sauvages, tantôt folles, avait alors pour maîtresse Mme la marquise de Prie. Mlle de Charolais, avec son esprit caustique, avait raillé son frère sur la fidélité de sa maîtresse et l'avait inquiété à ce point que la princesse, après quelques jours, éprouva de l'un et de l'autre une froideur marquée.

Furieuse d'être ainsi tenue à l'écart, elle s'en vengea en se rapprochant de Mme la comtesse de Toulouse, amie (on peut dire maîtresse) de l'évêque de Fréjus, et, du même coup, entra dans une société où le roi venait souvent, ce dont elle se félicita.

C'est alors qu'elle se prit à vouloir devenir sa maîtresse. Elle le quittait peu ; malgré sa verve endiablée, son affectation de passion pour le jeune monarque, sa coquetterie et sa grande expérience des hommes, Mlle de Charolais ne put se vanter de l'avoir débauché la première. Elle amusait le roi qui ne la croyait pas capable de sentiments, et cependant aida, par ses agaceries, le monarque bourgeois à tromper la royale épouse.

Au mariage du roi et de Marie Leczinska, elle porta le manteau royal de la reine conjointement avec la duchesse douairière de Bourbon et la princesse de Conti.

Mais, un an après (1726), lorsque Mlle de Charolais s'aperçut que le roi avait moins de goût pour la Polonaise, elle l'aguicha de telle sorte que bientôt elle l'attira à passer ses soirées chez Mme la comtesse de Toulouse, ou chez elle, parce qu'elle favorisait ses amours, dit le comte Fleury.

Ces premières années du mariage de Louis XV se passèrent sans scandale marquant. Sa femme, son premier ministre, ses mœurs vertueuses mêmes, le retenaient sur la pente du vice où il devait infailliblement rouler et mettre sur les dernières années de son règne une tache qui ne s'effacera jamais.

Le cardinal de Fleury, en qui il avait grande confiance, l'empêchait de rompre les derniers liens qui le retenaient aux vertus royales. Peut-être craignait-il aussi de voir son influence diminuer par l'installation d'une maîtresse déclarée. Au sortir d'un de ces petits soupers qui étaient servis par Bachelier, valet de chambre du roi, le cardinal de Fleury dit à son maître : « Si jamais Votre Majesté écoutait les conseils des femmes sur les affaires, Elle et son État seraient perdus sans ressources. » Louis XV ne répondit rien, mais, en remontant dans ses cabinets, où il soupait avec Mme de Mailly et Mlle de Charolais, il leur dit à brûle-pourpoint : « Tout à l'heure, un homme me disait... et je réponds à cela que si quelque femme osait jamais me parler d'affaires, je lui ferais fermer ma porte au nez sur-le-champ (1). »

(1) D'ARGENSON, t. II, p. 265.

Louis XV tint ce serment pendant plusieurs
années et, certes, il y fut aidé par Mlle de Charolais et par Mme de Mailly qui poussa même la
discrétion à ne jamais profiter de sa faveur auprès du roi et mourut dans la misère ; mais
Louis XV ne prévoyait ni Mme de Châteauroux,
ni la Pompadour.

*
* *

C'est donc afin d'aider le roi dans ces entre-
prises amoureuses que Mlle de Charolais demanda
au roi l'agrément des communs du château de
Madrid.

Devant ce château, qui fut élevé par les Gadyer
et les della Robbia sous le règne de François Ier,
s'étendaient, autour d'une longue cour à peu près
trapézoïdale, une trentaine de petits bâtiments
qui donnaient les uns sur la route de Neuilly à la
porte de Longchamp, les autres sur un jardin des-
siné ou sur un tapis de verdure qui longeait le
mur du Bois de Boulogne.

Le capitaine des chasses du Bois de Boulogne,
qui logeait au château, louait ces différentes petites maisons à des personnages de la Cour et le
revenu rentrait dans son casuel. On y vit Mlle de
la Chausseraye, M. le marquis de Bully, l'avocat

Barbier, l'auteur de mémoires très intéressants sur le dix-huitième siècle et auquel nous emprunterons diverses notes, Mme de Briqueman, Mlle Bideau, Mlle Bornée, M. Kicart de la Chevalleraye, et bien d'autres, tels que M. de Rosambo, M. de Maurepas, M. Grossoles de Flamarens, M. Doumerc, etc.

Or, quand le roi se rendait au château de la Muette, ce qui était fréquent, pour échapper à l'étiquette sévère de Versailles, il se faisait accompagner de quelques seigneurs et de quelques dames. Mais, ce château ne donnant pas au roi assez de commodité pour recevoir ses maîtresses, on peut dire que Mlle de Charolais fut prévoyante, en demandant à Sa Majesté l'agrément des communs de Madrid, car, dans la suite, ce fut là que les maîtresses du roi et les dames qui les accompagnaient passaient la nuit quand le roi était à la Muette. La proximité des deux châteaux, l'allée droite qui les reliait fermée aux indiscrets par des barrières, permettaient bien des choses.

Mais, avant que Mlle de Charolais reçût dans ses petites maisons de Madrid le roi et ses maîtresses, elle s'en servit pour son compte, s'y enferma avec ses amants des périodes de plusieurs jours durant, et même s'y retira pour accoucher.

Au sujet de ce fait, on raconte (1) qu'un jour, Mlle de Charolais, qui en était aux premiers temps de sa vie amoureuse, dit à Mme la princesse de Bourbon, sa grand'mère, qu'elle était grosse; celle-ci lui répondit nettement : « Eh bien ! ma fille, il faut accoucher. »

L'avocat Barbier (2) note son entrée en jouissance des communs de Madrid d'une façon pittoresque :

« Rien de stable dans ce bas monde ! Le château de Madrid dans le Bois de Boulogne, la cour du château et les bâtiments qui y sont, ont toujours été du domainé dépendant du gouverneur du château et capitaine des chasses du Bois et étaient dans son casuel.

« Mlle de Charolais, princesse du sang, sœur de M. le duc, acquit de M. de Pezé, gouverneur et capitaine de Madrid et du Bois de Boulogne, il y a près de deux mois (mars 1735), une maison dans la cour du château, après la mort de la personne qui en jouissait (3). Comme elle est fort bien auprès du roi elle a obtenu la distraction de sa maison, de la cour et des petits bâtiments qui y sont, dont le

(1) C'était Mlle de la Chausseraye.
(2) BARBIER, t. III. p. 18.
(3) MATHIEU MARAIS, t. I, p. 363.

roi lui a fait don en propriété, de façon qu'une personne (1) et moi qui avons la jouissance notre vie durant de petits bâtiments dans la cour, par brevet du roi, moyennant finance donnée, nous dépendons à présent de Mlle de Charolais et cela tombera dans son casuel après notre mort. C'est ainsi que tout change. Elle fait de cela sa principale demeure comme étant entre Versailles et Paris, et elle s'y réjouit assez incognito.

« Dans les jours gras derniers, elle y avait grande compagnie à souper, entre autres le comte de Coigny, fils du maréchal, que l'on dit être sur son compte. Après le souper, elle renvoya tout le monde. Le petit duc de Nivernois (2), jeune homme de quinze à seize ans, quittait la partie avec peine, mais, obligé d'obéir, il se cacha derrière une portière et demeura témoin du tête-à-tête avec le comte de Coigny. Il a été réprimandé par la princesse et il s'est vengé par une chanson assez déshonorante sur les appas cachés de la princesse. »

On voit que la licence était grande dans la nou-

____

(1) Hubert Huché, suivant le brevet accordé par le roi en 1716.

(2) Louis-Jules Barbon Mancini Mazarini, duc de Nivernois, né à Paris, en 1716, mort en 1798.

velle demeure de Mlle de Charolais. En réalité, c'était sa petite maison.

Mais, ce que Barbier ne donne pas, c'est cette fameuse chanson. En voici seulement le commencement et la fin :

> La fille la plus vénérable
> Sans contredit,
> S'ajoute au titre respectable
> Dont chacun rit.
> Demoiselle par excellence
> Trouvez donc bon
> Qu'on vous dédie avec licence
> Une chanson.
> . . . .
> J'ai des témoins.
> Deux mille à qui Coigny succède
> Diront ici
> Ce qui à la Fée qui l'obsède
> Dit Tanzaï (1).

Au bout du jardin qui s'étendait devant les communs de Madrid (nous dirons maintenant, le Petit Madrid) où Mlle de Charolais s'enfermait parfois pour rendre son culte à Lucine, disent les mémoires du temps, était la petite maison de la maréchale d'Estrées, nommée Bagatelle.

Sans le libertinage de Mlle de Charolais, la

(1) Personnage du roman de *Tanzaï* et *Néardarné*, de CRÉBILLON fils.

maréchale d'Estrées, née Noailles, comptait parmi les femmes qui avaient eu le plus d'amants.

Aussi quand, en 1737, les dames qui accompagnaient le roi se rendaient à Madrid, le roi se réfugiait seul avec sa maîtresse à Bagatelle, « où l'on faisait l'amour ». Mlle de Charolais était la procureuse, la maq... du roi, et la maréchale d'Estrées en fut la complaisante.

Ces deux femmes favorisèrent toutes les amours du roi, s'en faisaient gloire, et ne craignirent pas de s'associer d'une façon scandaleuse aux débauches nocturnes du roi, soit au Petit Madrid, soit à Bagatelle, soit même dans les petits cabinets de Versailles, où les vins capiteux et les parfums troublants, les déshabillés excitants et les conversations d'amour étaient de rigueur.

CHAPITRE III

Le duc de Richelieu et Mlle de Charolais mettent le roi et
Mme de Mailly en présence. — Le toast à l'inconnue, au
souper de la Muette. — Portrait de Mme de Mailly.

Jusqu'à l'âge de vingt-deux ans, le roi donna,
du moins en apparence, l'exemple d'une vie régulière que la Cour appelait une vie bourgeoise. Il
n'avait jamais eu de tendresse pour la reine, et le
cardinal de Fleury lui-même avait contribué à le
prévenir contre elle, de peur qu'elle ne s'emparât
de son esprit et ne lui retirât le pouvoir qu'il avait
déjà tant de mal à garder contre les cabales de la
Cour. C'est ainsi que Louis XV paraît avoir été
matériellement fidèle à sa femme durant plusieurs
années, années qui se signalèrent par la naissance
de deux fils et de plusieurs filles.

Mais tout cela n'était pas l'affaire des courtisans. Une Cour sans intrigue est mortellement
ennuyeuse ; quand, dans les antichambres, un com-

plot s'ourdit pour donner une maîtresse au roi. Il réussit. Le château de la Muette devint le théâtre de l'inconduite de ce monarque efféminé, comme il a été celui de la duchesse de Berry, fille du régent.

Le duc de Richelieu, la séduction personnifiée, le vice fait homme, est celui qui le premier entraîne le roi vers les excès, et Mlle de Charolais, de son côté, l'aguiche vers des plaisirs toujours plus sensuels et plus énervants. Le duc de Richelieu représenta à Louis XV que l'amour était le seul plaisir des hommes obligés comme lui de supporter les soucis du trône. Il le mit adroitement sur le compte de la reine, lui parla du vide qu'elle laissait dans son cœur, lui montra l'agrément qu'il aurait d'avoir une maîtresse, cita plusieurs noms de jeunes filles et jeunes femmes de la Cour, et, enfin, le fit consentir à avoir un rendez-vous avec Mme de Mailly à la Muette.

Il faut dire que Mme de Mailly était amoureuse du roi et lui faisait des avances chaque fois que l'occasion se présentait; caractère doux et faible, elle se rebutait sans cesse, levant les yeux vers le roi, mais n'osant espérer obtenir son amour.

Louise-Julie de Mailly-Nesle avait alors vingt-six ans (1). Elle était fille de Louis de Mailly, marquis de Nesle (2) et d'Armande-Félicie de la Porte-Mazarin. Elle avait été mariée, le 31 mars 1726, à son cousin, Louis-Antoine de Mailly, comte de Rubempré, et avait succédé à sa mère — morte le 12 octobre 1729 — dans la charge de dame du palais de la reine.

Cette famille de Nesle, dont nous aurons à parler plusieurs fois au cours de cette étude, était la dixième branche de la famille de Mailly, formée par le mariage de Louis-Charles de Mailly, marquis de Nesle, avec Jeanne de Monchy, qui distingua sa branche de l'aînée en achetant, de concert avec sa femme, le marquisat de Nesle, possédé par Jean-Baptiste de Monchy, son beau-frère, qui le lui céda, du consentement de sa mère Madeleine, aux Épaules de Laval, autorisé de René, quatrième de Mailly, son second mari. Cette branche a donné un cardinal et un saint évêque à l'Église, plusieurs dames attachées au palais de la reine et à Mme la Dauphine. Elle s'éteint avec Louis III, marquis de Nesle, et de Mailly-Montcavrel, prince d'Orange et de Neuchâtel en Suisse, chevalier des ordres du

(1) Elle était née le 16 mars 1710.
(2) On sait que le titre de marquis de Nesle valait à la famille celui de premier marquis de France.

roi, ancien capitaine des gendarmes écossais,
commandant la gendarmerie, qui, après plusieurs
campagnes à la tête de cet illustre corps, fut
chargé, l'an 1717, d'aller recevoir et complimenter,
de la part du roi, le czar Pierre Ier à son débarque-
ment à Calais. Il a l'honneur d'appartenir, par les
alliances directes de sa branche, aux maisons de
Monchy, de Coligny, de la Porte-Mazarin, et, par
les alliances indirectes, à la maison souveraine de
Nassau-Sieghen, et aux illustres maisons de Brancas, de Vintimille et de Flavacourt (1).

La faveur de Mme de Mailly remonte au mois
d'août 1733, selon le duc de Luynes, à 1732,
selon Soulavie et Henri Martin, quand il est
certain, aujourd'hui, qu'elle ne fut déclarée qu'en
1736 (2). Il est bon de dire aussi que le mystère
fut d'abord gardé par le duc de Richelieu, Mlle de
Charolais, la comtesse de Toulouse et Bachelier,
le valet de chambre du roi, qui ménageait aux
amants des entrevues de plusieurs heures dans

(1) Extrait de *la Généalogie de la Maison de Mailly*, par
Clairambaut, p. 41. Bibliot. Nat. Lm³ 631.

(2) Le comte de Fleury dit dans ses mémoires : « En août
1733, on remarqua pourtant que le roi, après deux mois
passés à Compiègne, se rendit à Chantilly sans rendre
visite à la reine ; que le lendemain de son retour à Versailles, il alla coucher à la Muette. »

les garde-robes du roi attenantes aux appartements de la comtesse de Toulouse.

Dans ses premiers temps, le roi « partageait
ses journées entre Rambouillet, où se tenait la
comtesse de Toulouse, Bagatelle, où demeurait la
maréchale d'Estrées, Madrid, où vivait Mlle de
Charolais, douces retraites, palais charmants, petites Cours de galanterie, de piquantes tendresses
et de joli esprit (1) »....

Le comte Fleury, sans être exactement fixé, était
cependant plus savant que tout le monde. « Dans
ses promenades matinales à cheval au Bois de
Boulogne, il avait remarqué la trace toute fraîche
des roues d'une voiture allant à travers des allées
toujours fermées de barrières, de Madrid, rési-
dence de Mlle de Charolais, à la Muette (2). »

Cependant, le roi commençait à s'ennuyer de ces
courses à la nuit, de ces retours au matin, de ces
entrevues mystérieuses dans les garde-robes de
Versailles et de ces petits soupers silencieux pour
lesquels Mlle de Charolais accommodait des « sala-
des spéciales à l'amour (3) ». Le roi se décida à

(1) *Les Maîtresses de Louis XV*, par E. et J. DE GONCOURT·
Didot, 1860, t. I, p. 21.

(2) E. et J. DE GONCOURT, t. I, p. 20 et *Mémoires de d'Argenson*, t. II.

(3) *Mémoires du duc de Luynes*, t. II.

parler, pour avoir ses coudées franches, à déclarer
publiquement sa maîtresse et à faire dans les petits
cabinets de Versailles de bonnes lippées terminées
par des guerluchonages.

Une querelle survenue entre Marie Leczinska
et le roi brusqua l'éclat que les intrigants dési-
raient avec tant d'ardeur.

Le roi n'osa cependant pas prononcer le nom de
sa maîtresse au premier jour. C'est dans un dîner
à la Muette, après une partie de chasse au Bois de
Boulogne, que le roi annonça discrètement à la Cour
qu'il était amoureux. Vers la fin du repas, il but à la
santé de l'inconnue, prononça plusieurs discours,
puis cassa son verre et invita tous les convives à
en faire autant. Puis il envoya M. le duc de Retz
dire à la seconde table, qui était dressée dans une
pièce voisine, de boire également à la santé de la
belle, puis de briser les verres. Chacun alors fut
fort intrigué et chercha à deviner le mot de
l'énigme. Plusieurs noms circulèrent aussitôt et,
entre autres, ceux de Mme la duchesse, de Mlle de
Beaujolais, de Mme de Lauraguais, belle-fille du
duc de Villars-Brancas (1).

____

(1) Cette famille de Brancas est issue de l'illustre famille
des Brancaccio de Naples. Le premier qui vint se fixer en
France est Ruflle de Brancas, chevalier comte d'Agnano au

Le scandale ne pouvait pas être plus longtemps étouffé. Louis XV n'ayant plus aucun sentiment intime d'honnêteté, aucune délicatesse de cœur, ne devait pas s'arrêter dans cette voie de la glorification du vice. Le nom de Mme de Mailly circula bientôt de bouche en bouche.

Et c'est alors que se murmura cette chanson (1) :

> Notre monarque enfin
> Se distingue à Cythère,
> De son galant destin
> On ne fait plus mystère
> Mailly, dont on babille,
> La première éprouva
> La royale béquille
> Du père Barnaba.

Certes, le roi aurait pu choisir une maîtresse

royaume de Naples, seigneur d'Oise et de Villoscès, diocèse de Digne et de Sisteron. Cette famille se partage en plusieurs branches : celles des marquis de Combours, comtes de Rochefort, des barons de Villeneuve, des seigneurs d'Oise, ducs de Villars-Brancas pairs de France. Elle a fourni à la France plusieurs personnages distingués entre autres André, connu sous le nom d'amiral de Villars ; Louis de Brancas, marquis de Cereste, qui fut nommé maréchal de France en 1740 ; Louis-Léon, duc de Brancas-Lauraguais, pair de France. Cette famille est éteinte aujourd'hui et son nom et des titres ont été transmis à la famille Hibou de Frohen (papiers de famille du marquis de l'Église).

(1) *Chansonnier Maurepas*, t. IV, p. 102. Sur l'air de : *La Béquille du père Barnaba.*

plus intrigante. Si Mme de Mailly avait des mœurs peu sévères, elle n'était ni ambitieuse ni avide ; et, comme elle aimait le roi, elle ne vit dans son intrigue qu'une liaison secrète avec un homme qui lui plaisait.

Mme de Mailly n'était pas une de ces beautés éclatantes qui attirent les regards et fait se retourner les foules. « Elle ressemble trait pour trait à sa mère, dit la Beaumelle, des yeux bien fendus, une bouche vermeille, des joues pendantes, un teint de lait. »

Le cardinal de Fleury ne prit aucun ombrage de cet amour auquel ne se mêlait ni la soif des richesses ni la politique.

D'Argenson, qui note ses impressions dans ses mémoires et cherche à expliquer tout fait qui se passe à la Cour, écrit, au sujet de Mme de Mailly, la page suivante qui ressemble à une chronique scandaleuse.

Elle fut écrite en septembre 1736 (1) :

« Le roi, ne pouvant plus se tenir aux attraits de la reine, a pris pour maîtresse, depuis six mois (2), Mlle de Mailly, fille de M. de Nesle. Elle

____

(1) D'Argenson, t. I, p. 220.
(2) D'Argenson se trompe et ne compte que depuis que Mme de Mailly fut maîtresse déclarée..

est bien faite, jeune, mais laide, une grande bouche bien meublée, et, avec tout cela, drôle. Elle a peu d'esprit et mille vues. Aussi M. le cardinal est entré dans cet arrangement, voyant qu'il fallait au roi une maîtresse. Il lui a fait donner vingt mille francs une fois payés, et la preuve de tout cela est que son mari, qui n'avait jamais été qu'en fiacre, a, depuis quelque temps, un joli équipage et de bon goût ; on se décide toujours par quelque chose. Cette affaire est menée secrètement comme toutes les galanteries devraient être. On a amené les choses de loin : les entresols et petits cabinets du roi ont cent issues, la Muette est excellente pour cela. Les allées qui conduisent de la Muette au logement de Mlle de Charolais à Madrid sont étroites et coupées de barrières, on y voit toujours des traces de calèches quand le roi a couché à la Muette, car Mlle de Charolais est en pleine confiance. On assure que la reine n'en sait rien, mais qu'elle s'en doute et qu'elle se console avec M. de Nangis (1), tout vieux qu'il est ; toute laide qu'est la reine, il y trouve son bon, s'étant accou-

---

(1) Le marquis de Nangis, lieutenant général, était chevalier d'honneur de la reine. Il avait poursuivi Mme la dauphine de ses assiduités et n'en avait jamais obtenu la plus petite faveur.

tumé à la gloire d'Ixion du temps de Mme la dauphine, et la reine ne pouvant faire mieux. »

L'avocat Barbier, qui ne puise pas aux mêmes sources que d'Argenson, nous donne d'autres renseignements sur la manière dont les choses se passent (1) :

« Il y a longtemps que l'on parle de cette comtesse (Mme de Mailly) pour être la maîtresse du roi... Elle n'est pas jolie, et elle a 27 ou 28 ans ; mais elle est bien faite, amusante et a de l'esprit... On dit qu'à Versailles, quand le roi sort et revient de souper de ses petits appartements, il passe quelquefois seul de sa chambre dans ses garde-robes, et y reste deux heures. On ne doute pas que ladite dame n'y soit entrée par derrière, par le moyen de Bachelier, premier valet de chambre du roi. A Fontainebleau, au-dessous de l'appartement du roi, il y avait un appartement meublé où personne ne logeait, dont il (le roi) avait la clé, où il descendait par un petit escalier, et l'appartement donné à la comtesse de Mailly était tout proche. On dit aussi qu'elle va aux soupers particuliers de la Muette, avec les seigneurs, sans autres femmes. De plus, le roi ne couche plus avec

____

(1) BARBIER, t. II, p. 179, à la date de novembre 1737.

la reine depuis six à sept mois... On dit que le roi
donne à la comtesse six mille livres par mois.
Elle pourrait bien faire son mari duc, sans que
personne y trouvât à redire. C'est un nom reconnu
parmi nous comme de la première noblesse de ce
pays. »

En vérité, Mme de Mailly est parfaitement dé-
finie par d'Argenson. « Elle est bonne, elle est
docile, elle est gaie, et d'un esprit médiocre. Elle
est plus gentille que belle », et il ne craint pas de
mordre en racontant l'anecdote suivante (1): « Un
étranger a demandé l'autre jour à voir cette
Mme de Mailly qui fait tant de bruit. Il l'a guettée
en sortant de la messe et, l'ayant vue, il a dit :
« Quoi ! et c'est là le choix d'un roi? Vraiment, s'il
avait eu un royaume à choisir, il n'aurait pas pris
la France, il eût pris la Corse. »

Le roi se rendait parfaitement compte que
Mme de Mailly n'était pas jolie, mais la jeune
femme avait des gestes et des caresses amoureuses
dont il ne pouvait se détacher. Il riait d'elle volontiers, car, quoi qu'en dise Barbier, elle était plutôt
sotte et s'habillait même souvent de façon ridicule.

____

(1) D'ARGENSON, t. III, p. 20, à la date de mars 1740.

Le 20 mars 1740, alors qu'un chaud soleil de printemps rayonnait sur les parterres de Versailles, elle parut à la Cour avec un habit jaune tout chamarré de martre zibeline avec un petit chaperon de fleurs jaunes et une aigrette; « elle a l'air d'un masque au bal ». Et d'Argenson, qui raconte le fait, ajoute : « Le roi, la voyant entrer au sermon, a dit à la maréchale de Villars : je crois que la czarine doit être mise comme cela actuellement. »

Cependant, être aimé pour lui-même plaisait singulièrement au roi, et il fallut toute l'habileté du cardinal et de son parti, pour lui faire prendre une autre maîtresse, comme nous allons le dire.

CHAPITRE IV

Les petits cabinets de Versailles.

C'est au premier étage, autour de la cour des cerfs et donnant sur la cour royale, sur la galerie des glaces, que se trouvaient à Versailles les grands appartements de Louis XV, tandis que les grands appartements de la reine étaient situés au bout de la galerie des glaces et faisant face au parterre du Midi.

Les appartements de Mme de Mailly étaient non loin de ceux de la reine et donnaient sur l'avant-cour de marbre et on y accédait soit par l'œil-de-bœuf, soit par l'attique Chimay et son escalier de stuc.

Mais les petits cabinets rendus célèbres par les orgies qui y furent données de 1733 à 1758 étaient pratiqués au-dessus des grands appartements du roi et, grâce aux logements de Bachelier, son valet

de chambre, et de ses aides, grâce aux garde-
robes indispensables, du cabinet de bain, du cabinet des perruques et des escaliers dérobés, on y
accédait sans être vu par personne.

Les convives seuls invités y étaient admis et
les dames s'y rendaient en passant par les grands
salons donnant sur le parterre du nord; au contraire, le roi se rendait chez Mme de Mailly par
les passages secrets de la galerie des glaces ou
bien recevait cette dame dans un petit cabinet
spécialement aménagé dans les garde-robes, et
auquel, Bachelier seul pouvait accéder librement.

Là étaient toutes les choses nécessaires et
luxueuses d'une petite maison : le vestibule, où se
trouvait un valet de confiance; un petit salon garni
de sofas, de chaudes tentures, d'épais tapis, des
sèvres et, le soir, les cristaux reflétaient les mille
lumières des chandelles; une salle à manger meublée de sièges confortables, où le linge, l'argen-
terie et la vaisselle plate régnaient par la blancheur,
l'éclat et la richesse ; un petit office où étaient soi-
gneusement rangés, les jours de réception, les
vins capiteux, les charcuteries, les légumes nouveaux, les fruits rares, les poissons préparés, les
viandes rôties ; et auprès la petite chambre où le
roi passait des heures mystérieuses.

Ce coquet et commode appartement ne fut officiellement inauguré qu'en 1737, quoique ce fût là que le roi reçût pour la première fois Mme de Mailly. Ce premier rendez-vous nous est raconté d'amusante façon par le sceptique d'Argenson, et nous ne voulons pas le passer sous silence, car il nous donne des détails, tant au point de vue du caractère du roi, alors vertueux et timide, qu'au point de vue de la mauvaise situation pécuniaire dans laquelle se trouvait celle qui allait devenir la maîtresse du roi.

« Le garde des sceaux (M. Chauvelin) est devenu le seul conseiller de la Mailly; cela s'est accompli dans un entresol du roi ; un nommé Lazure en est le concierge, il a sous lui un second qui mena au roi cette dame, c'était l'hiver dernier (1); elle parut derrière un paravent, le roi était honteux, il la tira par sa robe, elle dit qu'elle avait grand froid aux pieds, elle s'assit au coin du feu. Le roi lui prit la jambe et le pied qu'elle a fort joli, de là il lui prit la jarretière; comme elle avait ses instructions de ne pas résister à un homme aussi timide, elle dit: « Eh ! mon Dieu, je ne savais pas que Votre Majesté me fît venir ici pour cela, je

____

(1) C'est-à-dire en 1736.

n'y serais pas venue. » Le roi lui sauta au cou...

« Au bout de deux rendez-vous, elle lui parla de sa misère qui est grande; le roi lui donna libéralement quarante louis qu'il avait sur lui ; seconde libéralité ; mais, à la troisième, il lui a représenté qu'il n'avait à sa disposition que l'argent de sa cassette, qu'il avait dessus cela beaucoup de charges à payer et qu'elle n'y suffisait pas (1); on sait, d'ailleurs, que tout ce qui s'appelle Bourbon est avare. Cela a fait du chagrin parmi les amants.

« C'est là où M. Chauvelin les attendait. Il avait dit au roi par Mme de Mailly que le garde des sceaux était un habile homme, qu'il s'engageait à faire la fortune de Mme de Mailly sans que cela parût ni au cardinal ni au reste du ministère; qu'il en avait les moyens par son département des Affaires Étrangères, puisqu'il lui passait par les mains des mémoires et des fonds, soit pour des présents, soit pour des affaires secrètes, et, pour mettre à tout cela un air de règle, qu'il fournirait à la dame quarante louis par chaque rendez-vous, ce qu'on a supposé devoir bien aller à cent mille livres par an. »

Cent mille livres, c'était déjà un joli chiffre; mais,

(1) On se rappelle que le roi, par la suite, fit donner six mille livres par mois à Mme de Mailly.

avec les frais que sa situation à la Cour compor-
tait, avec l'aide pécuniaire qu'elle donna à sa famille, surtout à son père dont la situation était plus
qu'embarrassée, Mme de Mailly, loin d'avoir un sou
devant elle, n'eut jamais le nécessaire, si ce n'est
dans les premiers jours de sa liaison avec le roi.

Elle se fit faire une chaise à porteurs du même
vernis que celui qui avait été employé pour orner
les petits cabinets de Versailles. Elle cacha son
aisance comme elle tenta longtemps de cacher son
amour et les rendez-vous nocturnes qu'elle attendait toute la journée avec l'impatience d'une
amante passionnée ; mais naturellement cela se sut.
Elle commença à mener une vie différente de celle
de ses compagnes, également attachées au service
de la reine ; elle ne parut plus que le soir, s'échappa
par des portes secrètes ; pour éviter le scandale,
profita des cent issues qu'offraient les petits cabinets ; fit des courses rapides à la Muette, employa
des équipages obscurs, et créa les après-soupers.

Le mordant d'Argenson, qui nous donne libéralement tous ces détails, ajoute : « Il faut savoir que
les de Mailly ont toujours été ci-devant la faim et
la soif mariées ensemble. On se dépêche d'arranger Compiègne pour que la reine y aille et, par
conséquent, la petite Mailly. »

Le roi avait toujours mis sa confiance en Bachelier qui, l'entretenait de tout ce qui se passait dans les petits cabinets pendant son absence. Il lui était très nécessaire pour ces affaires secrètes et pour ses amours avec Mme de Mailly. Il ne faut cependant pas donner foi à la croyance de d'Argenson, qui écrit que le roi a eu deux enfants d'elle (1). Si ce n'est, et nous ne nous arrêterons pas à ce fait parce que nous n'en avons aucune preuve, Mme de Mailly, dont la liaison était alors connue, fomentait de nouveaux libelles et de nouveaux couplets dont voici un échantillon (2) :

> Je n'ai pour tout bien qu'un louis
> Avec quoi je me réjouis ;
> C'est ma pierre philosophale :
> Quand je le mets dans le creuset,
> Par une vertu sans égale
> Il devient un lingot parfait.

La malignité allait loin dans ce genre et des courtisans, qui composaient ces couplets, ne craignaient pas de les faire connaître à ceux pour lesquels ils étaient composés. Un de ces couplets, dont nous ignorons l'auteur et la main astucieuse

(1) D'Argenson, du 15 août 1738, t. I, p. 347.
(2) *Recueil Maurepas*, t. II, p. 138.

qui osa le faire connaître, fut trouvé dans le bonnet
de nuit du roi en 1741; le voici (1) :

> La sensible et timide Hortense (Mailly),
> Atteinte d'un amour naissant,
> Loin de dire ce qu'elle pense
> N'ose penser ce qu'elle sent.

Nous ne prendrons aucun plaisir à lire entre
les lignes de ce couplet et nous ne l'expliquerons
pas ; mais nous trouvons vraiment hardi le gentilhomme de la cabale qui osa venir le placer, pour
le lui faire connaître, dans le bonnet de nuit du
roi.

*\
* *

« Mlle de Charolais en a fait le premier m...age
par la commodité de sa maison de Madrid, du Bois
de Boulogne et de la Muette, où le roi soupe souvent... La grosse affaire est consommée... »

Telle est la façon pittoresque dont d'Argenson
s'exprime dans ses mémoires (2).

C'est une curiosité de suivre les amours du roi
dans les journaux du temps et de se rendre compte
des façons qui étaient employées pour permettre

(1) *Recueil Maurepas*, t. IV, p. 132.
(2) D'ARGENSON, janvier 1737, t. I, p. 230.

les rendez-vous du roi et de sa maîtresse, ou leur réunion, la nuit.

La petite fille des Condés, sur laquelle on écrivit (1) :

> Que Charolais, jeune et fringante,
> Pour Richelieu soit complaisante,
> C'est assez le sort de son sang,
> Mais qu'à ce choix elle se tienne !...
> A son âge, belle-maman
> En occupait une douzaine.

suivait la fortune du roi en amours et se plaisait à permettre chez elle les rendez-vous qui eussent été difficiles d'avoir ailleurs. Sa petite maison de Madrid, qu'elle avait fait refaire en partie, meublée richement et commodément, était le lieu rêvé pour des amours royales.

Sans compter le plaisir qu'elle se procurait par les rendez-vous des amants, leurs conversations, et leurs entretiens sur lesquels nous ne voulons pas insister, Mlle de Charolais cherchait à augmenter sa faveur en jouant son rôle avec adresse peut-être, certainement avec cynisme. Mais elle gardait ses amants. Quoique déjà d'un certain âge, Mlle de Charolais se donnait des plaisirs de jeune

____

(1) *Recueil Maurepas*, t. III, p. 162, sur l' « Air de la Fronde » ou « Il a battu son petit frère ».

femme avec certains courtisans et, n'ayant pu
devenir la maîtresse du roi — il n'est pas prouvé
qu'elle n'en fut pas quelque temps l'amante — cherchait à grandir sa faveur auprès de lui et à prendre une position politique par un de ses amants.
Elle se rappelait le mot du roi qui ne voulait pas
que les femmes s'occupassent des affaires du pays;
aussi, astucieuse et dévergondée, elle parlait au
roi de ses amours et poussait vers la cour l'évêque
de Rennes, son amant, qui fit parler de lui au sujet
de femmes et non d'église.

A force d'intrigues, elle parvint à le mettre suf-
fisamment en avant pour que la Cour s'occupât de
lui, et d'Argenson le note en ces termes :

« L'évêque de Rennes joue un rôle et est grand
payeur d'arrérages (1) ; c'est un homme à devenir
cardinal. Voilà ce qui flatte le goût de cette princesse (Mlle de Charolais), déjà surannée, et qui,
après tant de services, a commencé de bonne
heure le métier de maq..., en ne tirant sa considération que de cette profession. Pendant le
voyage de la Muette, elle a grand monde à sa
maison de Madrid ; on dîne chez elle et les femmes

---

(1) C'est-à-dire qu'il est homme en amour à réparer le
temps perdu. C'est une de ces expressions rabelaisiennes
que d'Argenson aime à faire revivre.

soupent à la Muette, surtout Mme de Mailly. La maréchale d'Estrées joue aussi un prétendu grand rôle à Bagatelle, dans le même Bois de Boulogne, et en tire grande vanité. Le roi donne au public, et surtout au cardinal, le change par ce faux crédit de Mademoiselle dont il se moque, ce qui achève de la déshonorer. La Cour commence à devenir gaie pendant les absences du roi, soit de la Muette, soit de Versailles. Ceux qui composent ces Cours vont à l'Opéra ou à la Comédie, et ces spectacles en sont fort ornés ; les soupers de la Muette sont poussés loin, et voilà le mal. Les estomacs souffrent tout, la gaieté est bonne, mais il y faudrait de la santé. Le roi a toujours mauvais visage et maigrit, Mme de Mailly change de plus en plus et je crains les suites de ces excès pour Sa Majesté, qui commence à devenir les délices de ses sujets (1). »

Le roi, en effet, se moquait bien de Mademoiselle tant au point de vue politique qu'en amour. Il la considérait si peu, quoique Condé et Bourbon, qu'il ne craignait pas de la maltraiter de la parole et du geste. En mars 1737, Louis XV se rendit au bal de l'Opéra, masqué, et s'y promena plus d'une heure et demie sans être reconnu. A deux reprises, ren-

(1) D'ARGENSON, t. II, p. 48.

contrant Mlle de Charolais, il lui donna deux coups
de poing; la pauvre princesse, qui ne reconnut pas
le roi, resta étonnée de se voir ainsi traitée par un
masque (1).

*
* *

> Que dira-t-on de Charolais
> Et de son humeur sombre ?
> Qu'elle est entêtée d'un minois (2)
> Haï de tout le monde ;
> Aussi fier qu'il est poltron,
> La faridondaine,
> La faridondon,
> Aussi chacun le traite ici, biribi,
> A la façon de Barbari, mon ami (3).

Voilà ce qui se chantait dans les petits cercles
de la Cour, excitant les sourires et les regards
moqueurs, en 1716. C'est l'époque où M. le duc de
Richelieu, déjà las des charmes de Mlle de Charolais, cherchait plaisir ailleurs, et faisait une
cour assidue à Mme de Duras :

> La Duras à ce que l'on dit
> De Richelieu a pris le V... ;
> La Charolais en bondira
> Alleluia (4).

(1) *Mémoires du duc de Luynes*, t. I, p. 192.
(2) M. le duc de Richelieu.
(3) *Recueil Maurépas*, t. III, p. 184.
(4) *Recueil Maurepas*, t. III, p. 175.

C'est de là d'où venait « l'humeur sombre » de la princesse ; mais bientôt, quoique abandonnée, elle reprit sur elle-même et sut faire de son amant un ami qu'elle garda jusqu'à son dernier jour. Dans ses intrigues pour se rendre nécessaire au roi, et gagner Mme de Mailly à sa cause, elle avait mis dans son jeu Mme la maréchale d'Estrées et quelques parties fines eurent lieu entre les trois femmes et le roi. Le vrai but était d'éloigner le cardinal, et d'amener le roi à prendre l'évêque de Rennes (1) comme ministre. Laissons la parole à d'Argenson (2), qui nous raconte fort joliment les faits :

« Il y a depuis peu une tracasserie domestique dans les affaires de la garde-robe du roi. Mme de Mailly, maîtresse de Sa Majesté, était souvent obligée d'aller à Madrid chercher Mlle de Charolais, qu'on n'appelle que Mademoiselle, car de là elle avait la commodité d'aller passer les nuits à la Muette quand le roi y était, en traversant le Bois de Boulogne par des allées étroites et qui le jour sont fermées par des barrières vertes. De cette nécessité est venue la familiarité de Made-

(1) Louis-Guy de Guérapin de Vauréal, qui fut plus tard ambassadeur en Espagne.
(2) D'ARGENSON, t. II, p. 2, septembre 1788.

moiselle avec Sa Majesté, mais bientôt cette faveur de maq... age a dégénéré en ambition. Mademoiselle, de concert avec l'évêque de Rennes, son amant, et avec Mme la maréchale d'Estrées, a lié cette partie. On prétendait vendre à Mme de Mailly la maison qu'a la maréchale dans le Bois de Boulogne, nommée Bagatelle, ce qui avait mis ladite maîtresse plus que jamais sous la couleuvrine de la commode. On a éludé ce coup. » — « Cela a été rompu par l'habileté du sieur H... et par l'entremise de L. V... — Mademoiselle est dangereuse à tous égards (1). »

La pauvre princesse dut se contenter d'entendre fredonner à ses oreilles ce couplet fait sur l'air: « Faire l'amour, la nuit, le jour (2) » :

> Les yeux de mon Iris
> Sont deux portes cochères,
> Où l'on voit en escrit :
> Appartement à faire...
> A faire l'amour, la nuit et le jour.

(1) D'ARGENSON, t. I, p. 347, 15 août 1738.
(2) *Recueil Maurepas*, t. III, p. 202.

CHAPITRE V

Par la lutte sourde qui se fit contre Mlle de Charolais et Mme la maréchale d'Estrées, envieuses du
pouvoir, ces dernières eurent un instant la suprématie dans les affaires. Le cardinal de Fleury alors
n'était pas le maître et le roi n'écoutait plus ses
conseils.

Toutes les personnes de la Cour qui s'aperçu-
rent de la défaveur dans laquelle était le ministre,
se retournèrent non contre celui qui briguait le
pouvoir, mais vers le tiers parti, celui de Mademoiselle et de la maréchale d'Estrées, dont, à la
première alerte, on pouvait s'échapper sans crainte.
Mme de Mailly, pour laquelle ces deux dames
s'étaient unies pour la dominer, ruiner la fortune

du ministre et élever à sa place l'évêque de Rennes, fréquentait naturellement cette nouvelle société, avec la permission du roi, et, par sa douceur exagérée, on pourrait dire sa nullité, semblait y donner « une grande bénédiction ».

C'était en juin 1739. En août, « un homme de la Cour qui voit les choses de près et qui a du sens, prétend qu'à la mort du cardinal, le roi se livrera tout entier à Mademoiselle, non par amour, mais par la force de sa hauteur et de sa faveur, à quoi elle joint beaucoup d'esprit. Ce n'est pas que le roi ne connaisse ses vices et surtout qu'il ne haïsse son indécence, car rien n'est plus indécent qu'elle au monde. Elle n'a ni principe, ni respect pour l'ordre et la vertu. Quelle race que toute cette maison de Condé ! à quoi s'est jointe la folie des Mortemart par bâtardise. Mademoiselle eût été recéleuse, voleuse ou bouquetière si elle fût née dans le peuple.

« Mademoiselle a pour conseils, c'est-à-dire pour amants, l'évêque de Rennes et l'abbé Dédit (1), aumônier du roi. Il arrive toujours un moment où les put.. s'adonnent aux gens d'Église par une destinée naturelle. Elle prétend nous donner l'émi-

____

(1) D'Aydie, frère du chevalier, l'amant de Mlle Aïssé.

nence de Rennes pour secrétaire d'État des Affaires
Étrangères et l'abbé Dédit sera nommé dans quelque grande église.

« La princesse sert de commode au roi ; elle
tient compagnie à Mme de Mailly, et, au milieu de
ses complaisances, elle en propose de temps en
temps une plus jolie au roi, tandis qu'elle exhorte
Mme de Mailly à proposer de son règne et en tirer
mille et un partis pour les richesses et les grandeurs. La maréchale d'Estrées s'y est jointe et
apporte dans la société son expérience et son
amant, le cardinal de Rohan.

« Ce que Mme de Mailly a de meilleur pour elle,
c'est de la bonne foi et un petit sens fort droit,
avec un assez bon cœur : c'est ce qui la soutient
contre sa tête de linotte et son humeur et la diversité des conseils qui la tourmentent (1). »

Telle était la situation qui pendant quelques
mois, donna à Mlle de Charolais une certaine puissance à la Cour. Mais le roi commençait à se fatiguer d'être presque seul à diriger les affaires du
royaume au milieu des cabales de la Cour. Les
jolies femmes, dont malheureusement le nom ne
nous est pas parvenu, qui passèrent dans la couche

(1) D'ARGENSON, t. II.

du roi par l'entremise de Mademoiselle, avaient donné à Sa Majesté un certain dégoût pour sa maîtresse. Voyant le peu d'attrait que Mme de Mailly procurait alors au roi, la petite Cour des complaisants imaginèrent mille moyens pour aguicher le monarque et conserver auprès de lui leur trait d'union, Mme de Mailly.

« Le roi porte son enfance partout, et aujourd'hui Mademoiselle, dans son m...., porte cette enfance aux affaires d'amour. Libre de voir Mme de Mailly à toutes les heures qu'il veut, on augmente la difficulté pour assaisonner les rendez-vous par un certain escalier dérobé, par une certaine allée, à une heure indue, à un temps rompu. Voilà une grande fonction qu'elle s'est faite, mais cela ne peut pas durer ; c'est un goût forcé dont on revient un beau matin (1). »

Tout le mois de juillet et le mois d'août 1739 passèrent de la sorte.

Quand, en septembre, vint le bal de l'Opéra, de complaisantes dames firent leur possible pour amener le roi à l'Opéra et le forcer à se démasquer au milieu d'elles.

— Mais, Sire, ce pauvre M. de Gesvres, mais

_____

(1) D'ARGENSON, t. II, p. 262.

ce pauvre M. le prévost des marchands qui s'y est tant donné de peine pour vous recevoir !

Mme de Mailly insista de son mieux :

— Au moins, Sire, que ce soit pour l'amour de moi (1) !

Mlle de Charolais fit mille singeries, présenta même un placet, mais toutes ces manœuvres furent inutiles, le roi resta inébranlable.

Sur ces entrefaites et pour se débarrasser de ses complaisantes, le roi envoya Mme de Mailly à Choisy et la rejoignit bientôt (2).

Déjà le roi avait pris l'habitude d'aller fréquemment à Marly et de n'y emmener que rarement Mlle de Charolais. Celle-ci, du reste, quoique inscrite sur la liste des Marlys, n'y avait pas de logement. Pendant ces absences du roi, elle se rendait à Louveciennes chez Mme la princesse de Conti et se mettait au lait (3).

Mme la maréchale d'Estrées, du même coup, était mise à l'écart, et il ne lui restait comme ressource que de se ressouvenir du temps où le chancelier était amoureux d'elle et qu'elle s'en moquait.

(1) D'ARGENSON, t. II, p. 266.
(2) Octobre 1739, d'ARGENSON, t. II, p. 280.
(3) Voir les *Mémoires du duc de Luynes*, t. XII, p. 451.

Il y avait un an qu'elle s'était élevée au poste de maq... du roi et qu'elle s'était ainsi associée à Mlle de Charolais. « Mais, dit d'Argenson (1), comme cela n'a pour objet que d'imaginer quelques raffinements aux amours du roi et de Mme de Mailly, ce sont là des charges peu solides... » « Elle commençait à s'apercevoir de l'inanité de ce poste. » « Je me demande, ajoute l'auteur des mémoires que nous citons, si le roi et sa maîtresse ne peuvent pas se moquer dans le fond de l'œuvre de ces deux entremetteuses et les renvoyer un beau jour à la Salpêtrière. »

D'après ces notes, il est certain que le roi se lassait de ses deux complaisantes et on aperçoit fort bien derrière lui la main et l'esprit adroit du cardinal de Fleury qui travaillait en sous-œuvre à ruiner le crédit de ses deux ennemies. Après le voyage de Choisy sa victoire fut complète. Il fut décidé de faire s'éloigner Mme de Mailly de Mlle de Charolais « et, à l'instant, ladite princesse se trouve n'être plus rien qu'une m... à louer, ainsi que la maréchale d'Estrées (2). »

L'adroit cardinal se croyait alors bien sûr de sa position et maître de l'esprit du roi. Mme de

(1) Octobre 1739.
(2) 28 octobre 1739.

Mailly et Mlle de Charolais se brouillèrent et la maîtresse du roi se rattacha à Bachelier (1). Le ministre la faisait venir chaque jour dans son cabinet par un escalier dérobé et travaillait avec elle deux ou trois fois par jour.

Mais le cardinal de Fleury n'avait pas su compter avec ses ennemis. Si, en mars 1740, le parti de Mademoiselle est absolument sapé, si Mlle de Clermont, sa sœur, lui dit : « Ma sœur, retirons nous d'ici ; nous en serons bientôt chassées, si nous ne nous en retirons », le roi, de son côté, se lassait de sa maîtresse qui n'avait pas les mille moyens qu'ont les femmes pour conserver un homme à elles.

Mlle de Charolais ne répondit pas à Mlle de Clermont, mais, avec sa grande habitude des hommes et de l'amour, elle avait jeté un rapide coup d'œil sur les femmes de la Cour prêtes à prendre la place de Mme de Mailly. Son regard s'était porté sur la sœur même de la maîtresse du roi, sur Mlle de Nesle, Pauline-Félicité de Mailly-Nesle, née au mois d'août 1712, et morte le 10 septembre 1741.

Elle lui en avait parlé aussitôt, et le marché avait

(1) Mars 1740.

été vite conclu entre les deux femmes. Non sans adresse, Mlle de Nesle s'approcha du roi par l'entremise de Mademoiselle et celle-ci s'éloigna quelque peu, attendant d'être rappelée par le roi ou appelée par sa nouvelle amie.

D'Argenson nous en parle pour la première fois en 1739, mais seulement d'une façon intéressante le ²¹ septembre.

« La jeune de Nesle, dès ses premiers rendez-vous avec le roi, avait accepté les offres et les conditions du monarque, mais à une condition : c'est que sa sœur serait renvoyée et qu'elle serait reçue comme maîtresse déclarée. Le roi, non encore détaché des charmes de Mme de Mailly, n'accepta pas de suite, et, en attendant, obligea Mlle de Nesle à se marier. »

Et, plus loin, il dit :

« On vient de déclarer le mariage de Mlle de Nesle, sœur favorite de Mme de Mailly, avec M. de Vintimille, fils du marquis de Luc, neveu de l'archevêque de Paris, et beau-frère de M. de Nicolaï, premier président de la Chambre des comptes, famille très amie de M. le cardinal. On prend au trésor royal cent mille écus pour ce mariage, et le roi assure 6.000 livres de pension. On ne doute pas que le roi n'ait topé à ce mariage, et par là on voit le renouement du vieux précepteur avec la maîtresse, chose infâme, après avoir tant dit qu'il quitterait le ministère dès que le roi aurait une maîtresse. On croit aussi que, de cette affaire-là, Mme de Mailly approche de la disgrâce, et qu'il a fallu qu'elle donnât sincèrement dans un repatinage avec le cardinal, et qu'elle le ménageât, ce qui l'éloigne de la fidélité tant promise à MM. Chauvelin et Bachelier, et son attachement à Mademoiselle a passé le jeu et les vues de dissimulation qu'on s'y était proposées (1). »

« Le mariage se fera dimanche, à l'archevêché, écrit le duc de Luynes (2). De là, les mariés iront coucher à Madrid chez Mademoiselle, et il paraît certain que le roi ira ce jour coucher à la Muette, et viendra à Madrid donner la chemise au marié et Mademoiselle à la mariée. »

Dans ces mêmes mémoires, on lit, à la date du mardi 29 : « Tout s'est passé à peu près comme il est marqué ci-dessus. Après le mariage et le dîner à l'archevêché, la noce vint à Madrid. M. l'archevêque n'y était point ; ils soupèrent chez Mademoi-

(1) D'Argenson, t. II, p. 271.
(2) De Luynes, t. III, p. 49 et voir à la date du dimanche 27 : « Le roi, va aujourd'hui, à la Muette après le salut ; le mariage de Mlle de Nesle a été fait ce matin à l'archevêché et le roi doit donner la chemise ce soir au marié. »

selle. Mlle de Clermont était venue de Paris à Madrid avec Mme la duchesse de Ruffec, Mmes de Chalais et de Talleyrand ; elles allèrent toutes quatre souper à la Muette avec le roi. Immédiatement après le souper, Sa Majesté monta dans une gondole avec ces quatre dames, et alla à Madrid chez Mademoiselle, où étaient plusieurs dames qui n'ont jamais été présentées au roi, comme Mme du Luc, Mme de Nicolaï. Le roi joua à cavagnole (1). Les mariés couchèrent chez Mademoiselle à Madrid, et le roi fit honneur à M. de Vintimille de lui donner sa chemise. C'est la première fois que le roi ait fait cet honneur à qui que ce soit. On dit qu'il y en a eu plusieurs exemples du temps de Louis XIV. Le roi assista au coucher et revint ensuite prendre ses voitures pour venir coucher à la Muette. Mme la maréchale d'Estrées coucha à Bagatelle, maison qu'elle a au bout du jardin et elle y donna une chambre à Mme la duchesse de Ruffec.

« Hier matin, la toilette de la mariée se fit à

---

(1) Cavagnole ou cavayole. — On dit que ce jeu vient d'Italie ; c'est une espèce de biribi dont le tableau est partagé en 6, 8 et même 10 tableaux de 12 cases chacun, et il y a autant de boules que de chiffres. On ne peut mettre que vingt-deux jetons en plein. Lorsque le chiffre sur lequel sont les vingt-deux jetons arrive, tous les autres joueurs payent chacun vingt-deux jetons et au delà. Voir les mémoires du duc de Luynes, t. I, p. 272.

Madrid. Le roi y vint, y resta quelque temps et retourna dîner à la Muette. Toute la noce et même M. l'archevêque de Paris avaient dîné à Madrid. Au sortir du dîner du roi, Mademoiselle amena à la Muette Mme de Vintimille et Mme de Mailly; elles étaient toutes trois en grand habit. Mademoiselle présenta Mme de Vintimille dans le cabinet du roi; M. l'archevêque était à cette présentation, M. le marquis du Luc, M. de Vintimille et plusieurs autres. Immédiatement après la présentation, le roi changea d'habit et fut courre le daim dans le Bois de Boulogne; Mme de Mailly et Mme de Vintimille partirent l'après-dîner pour aller à Savigny, d'où elles reviendront demain à Villeroy. M. l'archevêque s'en alla à Conflans. Le roi soupa à la Muette avec les quatre dames qui y avaient soupé la veille, et, outre cela, Mlle et Mme la maréchale d'Estées. Le roi revint ici (Versailles) après le souper. »

La grande affaire était ainsi consommée et le roi pouvait garder Mme de Vintimille à la Cour sans trop faire crier au scandale.

Mme de Mailly avait parfaitement vu clair dans les agissements du roi, mais son caractère était assez faible pour souffrir et pleurer sans remontrances; c'était tout ce que le roi désirait.

Aussi quand on lui ordonna de se brouiller avec Mlle de Charolais au sujet de chiffonnages de femmes, cette brouillerie « a éclaté au point qu'elles sont bientôt à couteaux tirés », dit d'Argenson (1).

Le roi, alors, ne parla plus à Mademoiselle, qu'il considérait comme une maq... du Pont-Neuf, et tout le monde de la Cour applaudit à cette mesure. « L'autre jour, le roi partit pour la chasse dans son berlingot, avec Mme de Mailly et Mme de Vintimille dans le fond, le roi et le duc sur le devant et laissa là Mademoiselle sans rien lui dire. » Celle-ci s'en riait, car elle savait bien que l'exil auquel elle était condamnée ne serait pas de longue durée.

D'Argenson, dont nous aimons à suivre les mémoires, ajoute, aux lignes que nous venons de citer : « Cependant, il faut une maq... royale, il faut une compagnie à Mme de Mailly; tout se tourne du côté de la comtesse de Toulouse. Son appartement rend à celui du roi par un escalier dérobé; Sa Majesté y descend à toute heure et à tout moment. Tout cela finira par donner ce logement à Mme de Mailly; c'était, autrefois, celui de

____

(1) D'ARGENSON, t. III, p. 15.

Mme de Montespan, qui passa à M. le comte de Toulouse. »

Cette comtesse de Toulouse était dévote « comme toutes les maq... royales (1) ».

Cette comtesse, Marie-Victoire-Sophie de Noailles, était fille naturelle de Louis XIV. Née le 6 mai 1688, elle était veuve de Louis-Alexandre de Bourbon depuis 1737. On lui connut plusieurs amants et, notamment, le bailli de Froulay, ambassadeur de Malte, et l'abbé de Salaberry, qu'elle prit pour chef de son conseil.

Elle prit dans la société particulière du roi le rôle important de suppléer à ce que l'humeur et le peu d'esprit de Mme de Mailly laissait de vide. C'était un rôle ingrat que déjà Mme de Vintimille avait essayé de remplir.

Cette princesse, plus ambitieuse que sa sœur, ne réussit qu'à moitié dans ses desseins. Si elle séduisit le roi par son enjouement, elle ne put faire renvoyer sa sœur, et fit même bien pis ; elle partagea le roi avec elle. Et ce ne fut qu'après qu'elle fût enceinte que le roi se décida à la marier, pour la forme au peu scrupuleux petit-neveu de l'archevêque de Paris, le marquis de Vintimille. Le succes-

____

(1) D'ARGENSON.

seur du vertueux Noailles avait béni le mariage
sans avoir même essayé une remontrance au roi.
Nous avons vu comment la cérémonie s'était passée
à Madrid.

Sa grossesse et son accouchement furent une
chose scandaleuse. D'Argenson nous en dit quelques mots : « Son mari n'avait habité avec elle
que les premiers jours du mariage, et avait dit
ensuite que c'était un diable dans le corps d'un
bouc; il lui donnait d'amitié le joli nom de : mon
petit bouc. Cependant, elle était devenue grosse des
œuvres de M. de Forcalquier ou du duc d'Ayen ;
dès qu'elle fut accouchée d'un garçon et qu'il fut
question de le baptiser, le curé de Versailles avertit
le roi qu'il y avait une opposition ou protestation
de la part de M. de Vintimille, qui l'avait fait si-
gnifier audit curé, déclarant qu'il apprenait que
son épouse était prétendue grosse, qu'il désavouait
toute prétention du prétendu enfant comme son
fils. Mais le roi voulut qu'il fût présenté au baptême comme fils de M. de Vintimille et ce par son
orure exprès. Cependant, l'archevêque de Paris et
le marquis de Luc, oncle et père de M. de Vintimille, vinrent en bons politiques voir sur-le-champ
l'accouchée et reconnaître le poupon (1). »

(1) D'ARGENSON, t. III, p. 885.

M. de Vintimille, personnage peu recommandable, tenait sur la grossesse de sa femme des discours édifiants. Il disait, par exemple : « Je ne sais qui a pu faire cet enfant, ce n'est certainement pas moi; c'est ou le roi, ou le duc d'Ayen, ou Forcalquier, ou mon laquais Saint-Jean qui l'a prise pour mon c.... »

Mme de Mailly, sur laquelle on a tenu les propos les plus divers, fut accusée d'être *bresne*, et, ne pouvant avoir d'enfants du roi, de lui avoir livré sa sœur pour en avoir de lui afin de se l'attacher par cette progéniture royale, comme Sara donna Agar à Abraham. Nous croyons que ce n'est là qu'une méchanceté gratuite ; car Mme de Mailly eut quelques petites jalousies au sujet de sa sœur. « On a cru que le roi l'avait greluchonnée. Quelle greluchonne ! L'autre jour, elle soutint qu'elle était encore moins sèche et plus blanche que sa sœur, le roi lui dit brusquement: « Ne pariez pas, vous perdriez. »

Mme de Mailly était, à cette époque, une femme, dont les beaux yeux, noirs jusqu'à la dureté, ne gardaient, aux moments d'attendrissement et de passion, qu'un éclair de hardiesse fait pour encourager les timidités de l'amour. Tout, dans sa physionomie, dans l'ovale maigre de sa figure brune,

avait ce charme irritant et sensuel qui parle aux
jeunes gens. C'était une de ces beautés provoca-
trices, fardées de pourpre, les sourcils forts, dont
l'éclat semble un rayon de soleil couchant, une de
ces femmes dont les peintres de la Régence nous
ont laissé le type dans tous leurs portraits de
femmes, la gaze à la gorge et l'étoile au front, qui,
la joue allumée, le sang fouetté, les yeux brillants et grands comme des yeux de Junon, le port
hardi, la toilette libre, s'avancent du passé, avec
des grâces effrontées et superbes, comme les di-
vinités d'une bacchanale (1). Ajoutez que Mme de
Mailly était inimitable pour porter sa beauté, la
faire valoir et la montrer. Nulle femme à la Cour
ne savait s'habiller comme elle, ni si bien arranger
les modes à sa tournure, ni chiffonner d'une main
plus heureuse les demi-voiles qui prêtaient à ces
déshabillés mythologiques le piquant de la pudeur (2).

(1) *Mélanges Historiques*, par M. B... JOURDAIN, vol. II.
Nous n'avons point connaissance du portrait de Mme de
Mailly par Latour, dont parle M. le duc de Luynes dans
cette phrase de ses Mémoires, vol. III : « L'on peint, actuellement, Mme de Mailly en pastel. C'est un nommé Latour.
Mme de Mailly disait, ce matin, que c'était le seizième peintre
qui a fait son portrait. »
(2) E. et J. GONCOURT, *les Maîtresses de Louis XV.*

Cependant, nous l'avons vu, on se moquait parfois d'elle et de sa toilette.

En réalité, le roi passait de la sœur à la sœur avec aussi peu d'attraits que de plaisirs. Et, si leurs corps pouvaient être exempts de jalousie, les esprits pouvaient être justement jaloux, car Mme de Vintimille acquit rapidement auprès du roi une supériorité telle, qu'elle éclipsa Mme de Mailly, qui n'était qu'une bonne femme à cœur tendre et à propos communs.

La pauvre Mailly était la franchise même, et avait fort bon cœur. Tendre pour ses amis et ses parents, elle ne fit jamais de mal à personne. Le jargon et le naïf lui tenaient lieu d'esprit. Elle disait communément n'avoir pris le roi que par son extrême pauvreté et l'avoir eu deux mois sans l'aimer ; mais qu'après cela son amour était né et avait toujours été en augmentant, et que la crainte de blesser son amant était la cause de son extrême désintéressement, dont elle fut victime toute sa vie. Elle aimait, cependant, le roi avant de devenir sa maîtresse, témoin les mille agaceries auxquelles elle se livra, avant que le roi, conseillé, ne l'invitât à le rejoindre dans les petites garde-robes de Bachelier.

Aussi, quand Mme de Mailly mit sa sœur des

parties de la Muette et qu'elle se fut aperçu des attentions que le roi lui portait, elle entra dans une violente colère et fit de cruelles remontrances à son amant. Le roi la reçut mal, elle se radoucit alors, pleura, et le roi lui dit tout net : « Tu m'ennuies, j'aime ta sœur. » Sa Majesté refusa de payer ses dettes, elle manqua de pain, et ne put que difficilement éteindre ses créances, que la seule nécessité de plaire au roi lui avait fait faire. Il fut aussi question de son renvoi. Elle eut, il est vrai, l'ordre de partir. Elle vint coucher à l'hôtel de Toulouse à Paris, où l'on meubla bien vite l'appartement de M. de Penthièvre. Le lendemain, elle partit pour Nesle chez son père, en Picardie.

C'était là le vrai prétexte. Cependant, Barbier nous raconte les choses d'une façon différente, d'après un faux bruit qui courut à Paris pendant le voyage de Fontainebleau (1). On disait que Mme de Mailly était exilée. Voici pourquoi : « Mme de Mailly connaissait et était en liaison avec M. le marquis de la Chétardie nommé ambassadeur en Moscovie, auprès de la czarine. Il alla prendre congé d'elle et lui offrit ses services dans cette Cour. Elle lui dit qu'elle n'y avait pas grande rela-

_____

(1) BARBIER, novembre 1740, t. II, p. 271.

tion et le remercia. Mais elle fit réflexion que
c'était dans ce pays qu'on avait les belles peaux
et les belles fourrures. Elle le pria donc de lui faire
emplette d'une fourrure et de deux perses (1). A
cette époque « une belle perse l'emportait sur une
étoffe de soie (2) », en lui recommandant que la
fourrure ne passât pas 300 livres et les deux perses
à proportion, parce qu'elle ne voulait pas du beau,
n'étant pas assez riche pour cela. Elle ajouta qu'elle
remettrait l'argent sur sa lettre d'avis à qui le lui
demanderait. Le marquis se chargea avec plaisir de
la commission.

« M. de la Chétardie, après son arrivée à Saint-
Pétersbourg, s'étant mis un peu au fait du pays,
s'informa comment on pourrait avoir ces fourrures.
Il est vrai qu'il y en a là des plus belles, mais on
lui dit que c'était la czarine qui s'en emparait et
qui en faisait une espèce de magasin, en sorte qu'il
était difficile d'en avoir. Cet ambassadeur, jeune
et gracieux, qui était sur un grand pied dans la
Cour de la czarine, s'adressa au comte de Biron,
duc de Courlande, favori de l'impératrice, pour sa
commission. Celui-ci lui dit la difficulté d'en avoir
et lui demanda si cela l'intéressait d'une certaine

(1) Sorte de toile peinte qui vient de Perse.
(2) *Dictionnaire de Trévoux.*

façon et s'il pouvait lui demander pour qui c'était. Le marquis de la Chétardie lui raconta naturellement que c'était pour Mme de Mailly, mais qu'elle ne voulait y mettre qu'un certain prix. Le duc de Courlande lui répondit de ne plus s'embarrasser de cela et l'assura qu'il ferait son affaire mieux que personne. Il en parla à la czarine, et, comme il s'agissait de faire un présent à la maîtresse du roi de France, on choisit deux fourrures magnifiques, l'une de trente mille livres et l'autre de soixante mille livres : c'est extrêmement cher dans le beau. On choisit pareillement douze perses, dont six d'une beauté parfaite:Le duc de Courlande fit faire lui-même le paquet, et dit un jour à M. de la Chétardie : « Votre affaire est faite, il n'y a qu'à l'envoyer en France. » M. de la Chétardie, qui ne savait ni ce qui était dans le paquet ni le prix, demanda au duc de Courlande ce qu'il avait à lui rembourser. Ce dernier lui dit que c'était une bagatelle, et qu'il avait été charmé, et la czarine aussi, de lui faire ce petit plaisir.

« On adressa donc le paquet à M. Amelot avec une lettre. Les uns disent qu'elle était écrite par M. de la Chétardie, d'autres par le duc de Courlande, parce que M. de la Chétardie avait été obligé de faire un voyage au moment du départ du courrier. Quoi qu'il en soit, il y avait dans la lettre : « A l'égard du paquet de telle façon qui vous est adressé, je vou*r* prie de le remettre à Madame ... » sans nom ni désignation. M. Amelot fut fort embarrassé, ne pouvant savoir pour qui c'était, ni si ce n'était pas pour Madame de France. Un beau jour, après le Conseil, il en parla au roi devant les autres ministres. Tous furent aussi embarrassés que lui. M. le comte de Maurepas dit : « Mais ce pourrait être pour Mme de Mailly, qui connaissait M. de la Chétardie, et qui lui aura donné quelque commission : il faudra s'éclaircir de ce fait. » Le soir, le roi, à son petit souper avec ses seigneurs et Mme de Mailly, entreprit de badiner celle-ci sur ce qu'elle recevait des présents des Cours étrangères sans rien dire. Mme de Mailly, qui se fait un point d'honneur, par hauteur, de ne demander aucune grâce ni pour elle ni pour qui que ce soit, délicatesse assez mal placée, qui, de son naturel, est un peu étourdie, et qui, peut-être, avait déjà bu quelque petit verre de vin, se sentit piquée de la raillerie. Elle ne savait encore rien du fait. Elle prit son sérieux et répondit au roi qu'elle n'était ni femme ni fille de ses ministres, qu'elle ne recevait de présents de personne, et

tout de suite elle tomba sur Mme de Maurepas,
sur Mme Amelot et sur Mme Fuloy. Elle dit, entre
autres, que celle-ci avait un pot-de-vin sur toutes
les marchandises de la Compagnie des Indes, ce
qui, en tout cas, peut être très vrai. La scène
devint grave, les seigneurs gardaient le silence et
le roi prit son sérieux; mais le raccommodement
ne fut pas long à faire et il n'a plus été question de
cela. »

Mme de Mailly, avec son bon cœur et sa naïveté,
était ce qu'on appelle parfois une bonne bête. On
raconte d'elle un grand nombre d'étourderies qui
eurent leur succès tant à la ville qu'à la Cour, qui
ne la ménageait pas, témoin cet alleluia (1) au
sujet de sa disgrâce :

Grand roi, que vous avez d'esprit
D'avoir renvoyé la Mailly,
Quelle haridelle aviez-vous là.
Alleluia !

Vous serez cent fois mieux monté
Sur la Tournelle que vous prenez,
Tout le monde vous le dira :
Alleluia !

(1) *Recueil Maurepas*, t. **IV**, p. 23.

Si la canaille ose crier
De voir trois sœurs se relayer,
Au grand Teucin envoyez-la.
    Alleluia !

Le Saint-Père lui a fait don
D'indulgences à discrétion
Pour effacer ce péché-là.
    Alleluia !

Dites tous les jours à Choisi,
Avant de vous mettre au lit,
A Vintimille un libéra.
    Alleluia !

Barbier (1) raconte, au sujet de son étourderie, un fait que nous citons en entier :

« Je sais un autre fait de son étourderie que l'on ne croirait pas, si je ne le tenais d'original. Le sieur La Roque (2), qui fait le *Mercure Galant*, a été à l'extrémité avant le voyage de Fontainebleau. Cette commission produit six à sept mille livres de rente, ce qui est très gracieux pour un homme de lettres. Fuzelier (1), poète qui a fait plusieurs pièces, garçon d'esprit et mal à son aise, a fait des

(1) *Journal de Barbier*, p. 278.
(2) Antoine de La Roque, né à Marseille, ancien militaire, avait eu le privilège du *Mercure de France* en 1722. Ce recueil avait porté pendant longtemps le titre de *Mercure Galant*.

mouvements auprès de M. de Maurepas, de qui cela
dépend, pour avoir cette commission. Comme il
est de tout temps ami du marquis de Nesle et de
Mme de Mailly, il alla trouver celle-ci un matin
dans son lit et lui dit : « Madame, je viens vous
prier de me rendre un service. » Elle se défendit
d'abord sur ce qu'elle ne demandait quoi que ce soit,
mais il la tourmenta tant qu'elle lui dit: « As-tu
un mémoire ? — Oui, madame. » Elle le prit et le
lut. « Qu'on me lève, dit-elle, mes porteurs. Va
m'attendre chez M. de Maurepas, j'y vais dans le
moment. » Elle y arrive, M. de Maurepas n'était pas
chez lui. Elle dit à son valet de chambre qu'elle
reviendra, qu'elle prie M. de Maurepas de l'attendre, et, par un effort d'imagination, pour servir plus
chaudement Fuzelier, elle va tout de suite chez
M. de la Peyronie, premier chirurgien du roi : « Je
viens, dit-elle, vous demander une grâce qu'il faut
que vous m'accordiez absolument. Je vous demande
pour Fuzelier, que je protège, un privilège exclusif pour distribuer le mercure. » M. La Peyronie
tombe de son haut ; il lui témoigne la disposition

(1) Louis Fuzelier, Parisien auteur d'un grand nombre de
pièces de théâtre. Après la mort de La Roque, en 1744, il
eut la direction du *Mercure* jusqu'en 1752, époque de sa
mort, conjointement avec La Bruère.

où il est de lui accorder tout ce qui dépend de lui, mais, en même temps, l'impossibilité de le faire sur cet article. Il lui dit que cela n'a jamais été, que cela ne convient en aucune façon à un homme de lettres, et que Fuzelier n'y a pas pensé! Malgré ses instances, Mme de Mailly, persuadée que la demande était ridicule, s'en retourna alors chez M. de Maurepas, tout en colère, et lui dit: « Je venais vous demander une grâce pour Fuzelier, mais il faut qu'il soit fou de me faire faire des démarches pour chose qui ne se peut pas. Je viens de chez M. de la Peyronie, qui me l'a bien assuré. » — « Mais, madame, répondit M. de Maurepas, je suis informé de ce que demande Fuzelier : cela n'a point de rapport à M. de la Peyronie.» — «Comment, reprit-elle, il demande le privilège exclusif du mercure ? » — « Cela est vrai, répondit le ministre, son cousin, c'est le *Mercure Galant*, qui est un ouvrage d'esprit. » — « Ah! dit-elle, que cet animal-là ne s'explique-t-il ? Si cela est ainsi, je vous le recommande. »

Il n'y a point de trait d'une étourderie et d'une absence d'esprit pareilles. On pourrait même penser plus mal. Fuzelier a eu l'agrément pour distribuer le *Mercure*, mais, malheureusement, le sieur La Roque se rétablit et revint en parfaite santé.

« Pendant que les embarras de cette famille de
Nesle détachaient sourdement le roi de Mme de
Mailly, Mme de Mailly, par des jalousies, des bou-
deries, des enfantillages, les mille exigences
d'un cœur inquiet, semblait prendre à tâche de
l'éloigner d'elle ; elle affichait tout à coup un caractère difficile, des volontés brusques, des caprices impérieux, des entêtements enfantins. Elle
ne permettait pas au roi un seul voyage à Choisy,
même sans femmes, dans les semaines où elle était
de service auprès de la reine, sans le menacer de
laisser là la reine, ses devoirs et sa charge, pour
tomber au château et le surprendre. C'était, chaque jour des taquineries qui irritaient le roi. Ayant
envie de jouer, elle ne jouait pas pour empêcher le
roi de jouer. Habillée et toute prête, elle refusait
de le suivre en traîneau, et s'efforçait de retenir
les personnes nommées par le roi. Elle s'entêtait
dans des susceptibilités de petite fille. Un jour que
le roi s'était mis à souper, à Choisy, avant qu'elle
fût descendue, rien ne pouvait la décider à se
mettre à table, et elle soupait à une petite table,
dans une autre salle. Ou bien, boudant au jeu,
elle laissait le jeu du roi, et voulait faire venir un
cavagnole de Paris pour jouer sans le roi dans sa
chambre. Aux coups de tête succédaient les impa-

Marie Anne de Bourbon
mademoiselle de Charolais

tiences. Le roi tardait-il à lui répondre, elle lui jetait cette phrase : « Si une femme était aussi longue à accoucher, elle mourrait en travail. » Torturée de jalousie, elle en tourmentait et persécutait sans cesse le roi. Le soupçonnait-elle d'avoir reçu une impression d'une femme, elle ne lui laissait de repos qu'après avoir obtenu de lui un mot désobligeant sur sa figure ou sa toilette. Elle guettait le roi partout, usait sa vie sur ses traces, montait la garde autour des cabinets, pour qu'aucune femme n'y soupât avec le roi sans qu'elle y fût : si occupée à cet espionnage, si absorbée dans cette poursuite du roi, qu'elle ne paraissait plus le soir chez la reine, charitable aux angoisses de sa passion, et désarmée par son agitation, sa fièvre, ses larmes (1). »

Il ne faut pas s'étonner si ces manières agaçaient le roi et que, malgré l'affection qu'il portait à Mme de Mailly, il se laissa facilement entraîner vers une autre femme, Mme de Vintimille, certainement très vive d'esprit, mais aucunement aimante.

Envoyée en disgrâce, la pauvre Mme de Mailly, pleurant son amant, se jeta dans la dévotion :

Par un pur effet de la grâce,
La Mailly, depuis sa disgrâce,

(1) *Mémoires du duc de Luynes*, vol. III. — E. et J. DE GON-COURT, *les Maîtresses de Louis XV.*

S'est tournée vers le Créateur ;
Mais, à dire ce que je pense,
Je crois, ma foi, que le facteur
Aura toujours la préférence (1).

Elle vit successivement lui succéder dans la couche du roi trois de ses sœurs, comme nous allons avoir à le dire. Elle s'éteignit en mars 1751.

« Cette pauvre comtesse est morte à quarante et un ans, le 30 de ce mois. Le père Boyer (2), de l'Oratoire, ancien prédicateur, était mort aussi d'une fluxion de poitrine huit ou dix jours auparavant, ce qui avait d'autant plus frappé Mme de Mailly, qu'il était, ainsi que le père Renault, dans son intimité. Après les exercices de piété, ces gens-là ne se quittaient point, mangeaient très souvent ensemble et faisaient, dit-on, très bonne chère, ce qui faisait même plaisanter quelquefois.

« Mme de Mailly a été enterrée suivant ses dernières volontés, dans le cimetière des Innocents, où l'on enterre les pauvres gens par charité. Elle

____

(1) *Recueil Maurepas* sur l'air : « Au grand Condé qui dans la guerre. »

(2) Ce père Boyer ne doit pas être confondu avec Pierre Boyer, également oratorien, auteur de la *Vie d'un parfait ecclésiastique* (le diacre Pâris) et de divers écrits en faveur du jansénisme, qui fut successivement emprisonné au Mont-Saint-Michel et à Vincennes, où il mourut en 1755.

voulait même être enterrée dans la fosse commune,
mais on lui en a fait une particulière. N'y a-t-il pas
un peu d'ostentation dans cette grande humilité ? »

ÉPITAPHE DE MME DE MAILLY

Détester l'injustice aujourd'hui si commune ;
Envers les malheureux partager sa fortune ;
Marquer tous ses instants d'édifiants dehors ;
Aller aux hôpitaux ensevelir les morts ;
Joindre mille vertus à ce pénible office ;
Loin du monde, à Dieu seul, s'offrir en sacrifice,
Lui consacrer ses jours, saintement les finir,
Ici-gît cet objet d'éternel souvenir.

Le même auteur dit plus loin : « Cette dame laisse
sûrement plus de dettes que de biens. Son mobi-
lier suffira peut-être pour les payer. Le roi lui
faisait vingt-cinq à trente mille livres de pension.
On lui rend la justice d'avoir aimé le roi pour lui-
même, et de n'avoir jamais rien demandé ni songé
à sa fortune. Ce qui fait un parallèle avec celle qui
est aujourd'hui en place (1). »

Malgré la rente que lui faisait le roi, Mme de
Mailly, en juillet 1739, n'avait pas cinq écus pour

____

(1) La Pompadour.

payer au quadrille où elle avait perdu. Son linge,
ses chemises mêmes, étaient élimés et troués (1).

On ne peut cependant pas reprocher au roi une
débauche d'argent vis-à-vis de cette maîtresse non
plus que de brutalité, car, étant devenue laide, il la
garda, car il l'aimait aussi ; elle l'amusait, le ré-
jouissait par sa naïve gaieté ; c'était une enfant
qui ne se mêlait de rien que d'aimer (2).

« Mme de Mailly mourut d'un abcès qu'elle avait
fait rentrer en dedans. On la croyait mieux, mais
il lui prit une fluxion de poitrine qui augmenta
rapidement et la fièvre qui la saisit fit désespérer
de la garder plus longtemps à la vie. Extérieure-
ment ; le roi n'y envoya point mais le marquis de
Gontaut se chargeait d'avoir des nouvelles. Il recevait quatre bulletins de santé par jour et les remettait au roi. Ce manège avait été employé dans la
crainte d'offenser Mme de Pompadour. Elle mourut
dévote et de la mort des justes.

« On réfléchit beaucoup, à la Cour, que Dieu
même avait pris soin de cette mort justement dans
le temps du jubilé comme pour affecter le roi davantage. Le roi apprit cette mort l'âme déjà préparée
par des sermons et tenta de son mieux de faire son

(1) D'ARGENSON.
(2) D'ARGENSON, *Vertus Royales de Louis XV*, t. II, p. 807.

jubilé sincèrement. Elle mourut le 30 mars au soir (1). »

Pendant longtemps, le roi, qui avait eu la joie d'en être aimé et de l'aimer, ne pouvait parler de Mme de Mailly sans une certaine émotion.

(1) D'Argenson, t. IV, pp. 129 et 379.

CHAPITRE VI

Le scandaleux mariage de Mlle de Nesle avait
naturellement fait jaser toute la Cour et avait
amené au Petit Madrid le cortège de femmes ga-
lantes qui formait la société du roi depuis 1737.
Mlle de Charolais avait repris les fonctions qui
lui attirèrent le mépris général, comme nous allons
avoir à le dire.

Cependant, le ménage Vintimille allait très mal.
L'histoire de l'enfant que nous avons racontée au
chapitre précédent mettait le marquis dans une
amusante colère : il disait que cette grande hal-
berda (1) puait comme un diable et il répétait partout que ce n'était qu'un petit bouc. S'il était mé-
content de sa femme, il était amoureux de sa

(1) S'écrit aussi halbreda et le dictionnaire de Trévoux
l'explique ainsi : grande femme de condition et mal bâtie.

belle-sœur, Mme de Flavacourt, et passait sa vie chez Mme de Mazarin, ce qui défaisait sa cour auprès du roi. Il prétendait qu'il était cocu par le petit Coigny, que sa femme avait pris de force, et disait à tout le monde qu'il les avait pris sur le fait.

« Il s'est plaint à son oncle, l'archevêque de Paris, nous dit d'Argenson (1), de lui avoir fait faire un tel mariage. Le prélat a répondu que du moins étant fait, il fallait en tirer parti et ne pas fréquenter Mme de Mazarin, pour déplaire par là tant à Sa Majesté. Son neveu a répondu que ces voies-là séaient si peu à suggérer par un archevêque comme lui que cela lui avait porté malheur. Mademoiselle a été chargée de parler à Vintimille de la part du roi, il a répondu que ce n'était ni à elle ni au roi à se mêler de ce qui se passait entre sa femme et lui. »

En attendant, le pauvre marquis usait de Mme de Mazarin comme d'une banque à lui ; elle se ruinait, elle dut vendre bientôt son nouvel hôtel, ses nippes et même ses pots à « oille ».

S'il avait dû s'occuper des affaires de sa femme, il aurait eu fort à faire. En plus de M. de Forcal-

(1) D'ARGENSON, t. II, p. 392, janvier 1740.

quier et du roi, qui étaient ses tenants ordinaires, elle avait des complaisances pour le petit Coigny, et pour le duc d'Ayen qui faisait l'amoureux auprès d'elle. Le fils du maréchal de Noailles lui conseilla hardiment de supplanter sa sœur, Mme de Mailly, et de profiter du moment. En effet, toutes les confidences du roi allaient à elle. On ne savait pas encore, en novembre 1740, ce qu'il en adviendrait (1).

Le duc d'Ayen poursuivait en cela un but tout politique ; M. de Charost venait de mourir et la place de chef du Conseil royal allait être libre par la mort du maréchal de Noailles. Il emmenait à sa suite le cardinal de Tencin et, comme il était du dernier bien avec Mme de Vintimille, il voulait qu'elle obtienne du roi la place de premier ministre pour le cardinal et la place de chef du Conseil royal pour lui. Audace sans pareille, on réussit à faire entrer Mme de Mailly dans le complot, elle qui ne s'était jamais occupée d'affaires et qui, du reste, n'y voyait goutte (2). Ils réussirent.

On raconte qu'un jour M. le duc d'Ayen étant venu demander au cardinal diverses choses sur le fait des voyages du roi, Son Éminence lui répondit, non en riant, mais fort sérieusement : « Eh !

<hr>

(1) D'Argenson, t. III, p. 225, novembre 1740.
(2) D'Argenson, t. III, p. 244, décembre 1740.

monsieur, vous avez des amies qui le savent bien mieux que moi. »

Il était question du voyage de Compiègne, qui devait avoir lieu en août ; tout fut arrangé pour après les couches de Mme de Vintimille. Ce voyage devait durer trois mois (1).

Ce voyage, cependant, n'eut pas lieu et la Cour alla encore à Fontainebleau, comme elle l'avait fait l'année précédente. Cela tint à ce que la grossesse de Mme de Vintimille s'était évanouie sans que l'on sache comment. La vraie raison, car Mme de Vintimille accoucha bel et bien, était que le roi était piqué du désir de voir un rut de cerf, chose qu'il n'avait pu voir en 1749, et à laquelle il avait convié un grand nombre de dames (2).

Les mœurs de Mme de Vintimille lui attirèrent ce couplet sanglant (3) :

Le vieux Bonyol est si aise
Qu'on ne saurait le tenir ;
La Vintimille
Qui est si gentille,
Sans lui futile, et sa guenille lui fait raidir...
Le vieux Bonyol est si aise
Qu'on ne saurait le tenir.

(1) D'Argenson, t. III, p. 286, avril 1741.
(2) D'Argenson, t. III, p. 300, mai 1741.
(3) *Recueil Maurepas*, t. III, p. 185.

Les maîtresses et les orgies qui se commettaient tant à Versailles qu'à Madrid laissaient le roi dans un état d'abattement duquel on ne pouvait facilement le tirer. Les courtisans cherchaient mille moyens de le distraire, mais avouaient eux-mêmes qu'ils n'y réussissaient qu'à moitié.

Soudain le roi se mit à travailler à la tapisserie. « Son dessein a été si subit que c'est un chef-d'œuvre de courtisan que de l'avoir satisfait sur cet article. On a recouru à M. de Gèvres dont cette occupation est le capital. Le courrier qui alla à Paris chercher ce qu'il fallait, métier, laines, aiguilles, ne fut que deux heures un quart, aller et venir. Voilà de quoi augmenter la faveur de M. de Gèvres ; voilà encore plus de quoi faire triompher les partisans du cardinal.

« 17 *janvier*. — Le roi et Mme de Mailly se sont brouillés comme des enfants. On est beaucoup dans le goût de la tapisserie, à la Cour ; Mme de Mailly était si absorbée par cette occupation qu'elle ne répondit pas au roi qui lui parlait et l'interrogeait. Enfin, le roi, impatienté, la menaça, puis tira un couteau et coupa la tapisserie en quatre : querelle horrible, brouillerie, puis, enfin, il a fallu les raccommoder, et pour cela est faite une partie extraordinaire et dont on parle beaucoup. C'est que le roi va souper en ville, dit-on. Eh bien ! le grand mal à cela ? Le roi a donc été souper chez Mme de Mailly, dans sa petite chambre. Elle a emprunté un cuisinier et a donné un assez joli souper à son amant. Il n'y avait que cinq ou six convives. En même temps le cardinal a ici la f... et la fièvre ; mais il secoue l'oreille, prend des élixirs, il n'y paraît plus (1). »

Mais cette distraction fut de courte durée ; quelque temps après, M. le duc de Luynes put écrire dans ses Mémoires : « Le roi fait des nœuds présentement avec les dames de sa société. Il commence à se lasser de la tapisserie (2). »

Dès le voyage de Fontainebleau, le roi commença à se lasser de Mme de Vintimille, tandis que sa sœur, Mme de Mailly, n'est qu'un oison, écrit d'Argenson (3). Le cardinal voulait chasser Mme de Vintimille, qui n'avait d'autre but que de devenir maîtresse déclarée et d'obtenir du roi mille et mille faveurs. La question pour le cardinal était de savoir si les amours de la Vintimille et du duc d'Ayen tenaient toujours. Mais la jeune maîtresse, quoique malade, empêchait le cardinal

---

(1) A la date du 15 janvier 1741.
(2) A la date du 19 janvier 1741.
(8) D'Argenson, t. II, p. 888, 17 juillet 1741.

de voir le roi plus d'un quart d'heure par semaine.
Pour obtenir ce résultat, elle tenait le roi à Choisy
et le roi n'allait à Versailles qu'un jour plein par
semaine.

Les vrais favoris du roi, Bachelier, Chauvelin
et Mme de Mailly, se moquaient de ces marion-
nettes. Et, pendant ce temps, la faveur de Mlle de
Charolais n'aboutissait qu'à la honte. Quant à celle
de la comtesse de Toulouse, elle tirait tant à sa fin
que les médecins qui voyaient bien que, pour garder
sa faveur, elle sacrifiait sa santé, lui ordonnèrent
d'aller aux eaux. Mais sentant la défaveur qui la
menaçait, peut-être même l'exil, elle n'eut garde
de quitter la Cour dans un tel moment.

Quelques jours après (1), on trouva, cependant,
le moyen de diminuer le crédit de la comtesse en
donnant un nouveau logement à Mme de Mailly
dans les entresols du roi ; par ce fait, le concours
de Mme de Toulouse devenait inutile et elle le
comprit si bien, du reste, qu'elle n'insista pas
pour regagner une place qui lui était enlevée de
si adroite façon.

D'Argenson, moqueur à l'occasion, dit à ce sujet,
après avoir écrit que le maréchal de Coigny avait

(1) 9 août 1741.

été offrir au roi l'appartement de Mme de Matignon : « Par là, on n'aura plus besoin de l'appartement de Mme la comtesse, si sainte et si dévote, pour servir de théâtre aux scènes amoureuses (1). »

Deux jours après, une grande rumeur circulait à la Cour : Mme de Vintimille, tombée malade à Choisy, eut une fièvre qui fit craindre pour ses jours. Le roi vint passer deux jours à Versailles sur le conseil de ses médecins, et y reçut quatre courriers par jour que lui envoyait Mme de Mailly ; un mieux léger s'étant fait sentir, le jeudi suivant, le roi retourna le soir même à Choisy et y passa trois jours.

Les événements allaient se précipiter et la Cour devait changer subitement d'allures. Le 18 août, Mlle de Clermont, sœur de Mlle de Charolais et surintendante de la maison de la reine, mourut à huit heures du soir sans avoir reçu les sacrements. Les médecins, après l'avoir examinée, avaient prétendu qu'elle était hors d'affaires. Dans sa joie, elle se para et fit des cocardes pour les gentilshommes de ses amis qui partaient à la guerre, mais, soudain, ses règles s'arrêtèrent et elle tourna

(1) D'ARGENSON, t. II, p. 364.

à la mort. Dès que la nouvelle fut parvenue au cardinal, c'est-à-dire une demi-heure après, il annonça publiquement qu'il voulait retrancher, des
charges de la Cour, celle de surintendante de la
maison de la reine, ce qui épargnerait cent mille
livres à l'État par an.

Non loin de là, à Choisy, Mme de Vintimille
était à l'extrémité et, plus heureuse que Mme de
Mailly, qui, comme nous l'avons vu, s'éteignit loin
du roi, le roi ne l'abandonna pas un instant. Cette
bonne fille de Mme de Mailly, quoiqu'elle sût fort
bien les relations qui existaient entre son royal
amant et sa sœur, était dans un désespoir difficile
à comprendre, de perdre une aussi bonne sœur.
Ce n'était pas l'avis de la Cour, qui prétendait que
c'était une des plus méchantes femmes qu'on avait
encore vues et qui, pour se perfectionner, avait pris
le duc d'Ayen pour amant. On ignorait encore à
quoi ces liaisons auraient conduit le ministère qui
suivra celui du cardinal — nous connaissons le
but poursuivi — car c'était là une des plus grandes
ressources de la gent Noailles. Ce parti est d'autant plus incommode, dit d'Argenson, qu'il fournit
toutes sortes de gens : Voulez-vous des libertins,
des libertines, des mac, des athées, des dévots ?...
Mme de Vintimille, au vrai, avait un crédit

marqué, elle était l'esprit de sa sœur de Mailly, comme celle-ci était le corps de sa sœur, « faisant les bonnes fonctions de favorite du roi très chrétien ».

Le mal que ressentait Mme de Vintimille était son état de grossesse, grossesse toute en fraude de son mari, comme nous l'avons dit. En ce mois d'août on en riait : on l'avait dite grosse, puisqu'elle ne l'était plus, et enfin l'on crut que son enfant était mort en elle. Sa fièvre, à ce moment, avait redoublé, elle ressentait des maux de tête affreux et des pesanteurs dans les reins, qui sont les marques de cet accident, impardonnable pour la vie.

Le roi avait pour elle toutes les attentions et, bien plus, c'était à croire qu'elle était maîtresse déclarée. Le bruit circula quelques heures que sa santé était meilleure et qu'elle se tirerait de l'état de grossesse dont elle crut en elle-même qu'elle mourait. Le 21 août on n'avait pas encore senti son enfant remuer, mais la fièvre qui l'abattait avait diminué. Le roi revint la voir le soir même à Choisy ; enfin, elle arriva le mardi soir en triomphe à Versailles, dans une litière accompagnée d'une nombreuse escorte. « Sa grossesse est un problème », dit d'Argenson, « et l'aveu d'icelle dans la famille de son mari. M. et Mme de Luc n'en parlent point et la désavouent par là ».

Mme de Vintimille, de retour à Versailles, et fière des attentions que le roi lui avait prodiguées, prit également la chose de haut, et dit publiquement qu'elle ne voulait pas entendre parler de cette famille dans laquelle elle était entrée.

L'archevêque de Paris, toujours bon courtisan et se ménageant les faveurs du roi, lui avait envoyé une layette magnifique qu'elle refusa du reste avec dédain, ne voulant avoir aucune relation avec la famille de son mari. Quiconque voulait lui en parler et l'amener à accommodement était disgracié pour toujours. Si elle était laide de corps et sentait « le bouc », elle rachetait cela par de l'esprit, de l'étendue d'esprit même, qu'elle gâtait par un mauvais côté de son caractère: la dureté, la méchanceté et de l'aigreur.

Le roi, qui la connaissait bien lui, dit un jour : « Il faudrait vous couper la tête et vous mettre du sang d'agneau, car vous êtes aigre et méchante (1). »

Mme de Vintimille ne resta pas à Versailles, elle retourna à Choisy, car le mieux qui s'était ma-

____

(1) *Mémoires du duc de Luynes*, t. III, p. 468.

nifesté était relatif. Elle était, cependant, entre la
vie et la mort. L'état de sa santé servait de prétexte au roi pour se rendre à Choisy chaque jour.
Le cardinal était dans un état de rage indescrip-
tible. Le roi étant venu reprendre logis à Versailles, il comptait le tenir, pour l'importuner à
son aise et de suite, mais le royal amant échappait
à ses embûches, lui refusait sa porte, et, partant
par un escalier et un couloir dérobés, courait à
Choisy.

Mais, ces sorties fréquentes et incorrectes ne
pouvaient longtemps durer. Et le duc de Luynes put
écrire le joli passage suivant (1) :

« Voici, pour le coup, le roi de retour à Versailles pour longtemps, Mme de Vintimille y étant
revenue en litière. Le roi lui a donné à Choisy
les marques de la plus grande amitié, elle a fait
enrager la Faculté, ne voulant rien prendre de tout
ce qui lui était ordonné. Le roi s'est mis à genoux
devant son lit pour l'engager à se guérir. Les deux
partis vont également travailler à la détruire,
aussi bien que le crédit de Mme la comtesse de
Toulouse ; on prétend que Mme de Mailly le
souhaite aussi, cette bonne sœur lui faisant jalou-

(1) *Mémoires du duc de Luynes*, t. III, p. 176.

sie et la faisant enrager par son humeur et son esprit trop emporté. En ce cas, on compte donner pour société au roi et à Mme de Mailly Mlle de la Roche-sur-Yon, qui est une bonne princesse faite comme il faut pour être commode. »

Mlle de la Roche-sur-Yon était, en effet, une de ces personnes qui acceptaient tout et ne s'offusquaient de rien. Souvent elle accompagnait le roi à la Muette, à Madrid, ou à Choisy, et c'est pour cela que le duc de Luynes put penser un moment qu'elle devint la maîtresse du roi (1).

Le retour à Versailles de Mme de Mailly et de Mme de Vintimille était dû à Bachelier qui craignait les manœuvres du cardinal.

Enfin, le 5 septembre, à la confusion de ses ennemis, « la sœur de la sultane favorite » accoucha avec succès, quoiqu'on craignît tant pour sa santé : « Elle a donné un garçon à sa famille et à l'instant Monseigneur l'archevêque de Paris, son oncle, est venu le bénir. M. le marquis de Luc, son beau-père, en a fait autant, quoique ci-devant ils ne parlassent point de cette grossesse dans la famille de Luc et que M. de Vintimille ait dit par-

(1) Arch. nat. O¹3, 263. A la gauche du roi, M. le duc d'Orléans, régent, Mlle de Charolais et Mlle de la Roche-sur-Yon. Bal paré du 8 mars 1722.

tout qu'il n'avait pas la moindre part à cet enfant.

« C'est un des moindres maux qu'on puisse faire dans la société que de donner des enfants à ceux qui n'en ont point et qui ont du bien à leur laisser, car ce n'est faire tort qu'aux collatéraux qui... Voilà donc M. de Vintimille père malgré lui. C'est la Peyronie qui a fait les fonctions d'accoucheur. Le roi va voir l'accouchée quatre ou cinq fois par jour; on l'a logée dans l'appartement du cardinal de Rohan, ce qui donne un grand ridicule à ce grand aumônier de France.

« Voilà le roi au moins pour six semaines à Versailles à soigner ladite dame en couches (1). »

La délivrance de Mme de Vintimille ne lui rendit pas la santé, car le 10 septembre, à sept heures du matin, elle mourut. Il y avait huit jours seulement qu'elle était accouchée. « Il lui a pris la maladie qu'on nomme milliaire en Piémont, qui y est commune et dont la reine de Sardaigne est morte il y a deux mois. On connaît peu cette maladie en France. La dénomination en vient de ce qu'il vient sur la peau une quantité innombrable de boutons gros comme des grains de blé. Cela prend plutôt

____

(1) *Mémoires du duc de Luynes*, t. III, p. 188.

aux femmes en couches qu'à d'autres. On peut
dire que c'est une méchante bête de moins, et surtout une puante bête. »

Aussitôt que le roi apprit la mort de Mme de
Vintimille, il ordonna qu'on moulât son visage
avec de la cire. Pourtant, elle était laide. Comme
elle avait passé dans une convulsion, elle était
restée la bouche ouverte et le menton pendant. Il
fallut deux personnes fortes pour lui tenir le menton afin que l'on prît son empreinte.

Le peuple de Versailles, à la mort de cette favorite, fut transporté de joie. Il disait communément
dans son exaltation que c'était là une vilaine bête
de moins, qu'elle empêchait le roi de séjourner à
Versailles et d'y faire les dépenses qui les faisaient vivre, que sans pudeur aucune elle avait
enlevé le roi à sa sœur, la nonchalante de Mailly
qui elle, du moins, était une bonne femme qui n'entraînait pas le roi à des dépenses inconsidérées.
Aussi, quand, morte, on la transporta du château
à l'hôtel de Villeroy, elle avait un simple linceul
sur le corps ; en arrivant à l'hôtel de Villeroy, les
porteurs, qui étaient ses propres domestiques, dis-
posèrent le brancard sur le perron et allèrent
boire comme il arrive souvent. Mais le peuple, qui
suivait en grommelant ce corps honteux, pénétra

dans la cour, escalada les marches et s'en saisit.
Il lui jeta des pétards sur le corps, lui fit toutes
sortes d'indignes traitements. On ne peut voir là
que de l'irrespect pour le roi et de la barbarie.

Cependant, à cette époque, Mme de Vintimille
était la meilleure amie du roi ; par son esprit,
elle amusait le monarque et savait ainsi remplir
les intervalles que le vide de la conversation de
Mme de Mailly laissait. Elle se piquait d'un grand
attachement pour le roi, elle lui définissait tous les
caractères avec une justesse rarement mise en défaut, — de plus, elle était aux écoutes dans les
groupes de la Cour et rapportait au roi tout ce qui
s'y passait avec un sel qui faisait sourire le monarque. C'est à cela qu'il faut rapporter les
larmes que Louis XV versa sur la mort de Mme
de Vintimille.

CHAPITRE VII

Mme de la Tournelle et Mlle de Charolais. — Sa vie
auprès du roi.

« Il y a une nouvelle bien autrement intéressante ; on dit que le roi s'est brouillé avec la comtesse de Mailly. On n'en sait pas le sujet, et, quoiqu'il y ait longtemps que cela dure, on dit que la rupture a été vive. Mme de Mailly l'ayant pris sur le haut ton, le roi a fait démeubler son appartement le 3 de ce mois, et lui a annoncé qu'il y avait une chaise de poste toute prête pour la conduire où elle voudrait. On dit aussi qu'elle est venue descendre à l'hôtel de Toulouse, où elle est malade. On publiait, en même temps, que c'était un sermon du curé de Saint-Barthélemy, le jour de la Toussaint, à Versailles, qui avait touché le roi ; mais il y a bien une autre histoire sur le tapis. On dit que c'est pour prendre pour maîtresse Mme de

la Tournelle, veuve du marquis de la Tournelle et
sœur cadette de Mme la comtesse de Mailly, laquelle a été nommée dame du palais de la reine
depuis peu de temps.

« ... Mme de la Tournelle est jeune et belle. On
dit qu'elle a fait ses conditions, savoir : qu'elle
serait maîtresse déclarée, qu'elle aurait un état de
maison, qu'elle n'irait point aux petits soupers du
roi dans les petits appartements, mais qu'elle aurait
tous les soirs les couverts chez elle et qu'elle
nommerait elle-même les personnes qui y soupe-
raient; qu'elle aurait de plus 50.000 écus de pension assurés pour sa vie. On dit encore que le roi
paye les dettes de Mme la comtesse de Mailly, qui
vont, dit-on. à 500.000 écus et qu'il lui fait 50.000
écus de pension (1). »

Ceci a donné lieu à plusieurs chansons indis-
crètes.

> Mme Alain est toute en pleurs :
> Voilà ce que c'est qu' d'avoir des sœurs, etc. (2).

Marie-Anne de Mailly-Nesle, née en octobre
1717, avait été mariée, le 19 juin 1734, à Jean-Louis,
marquis de la Tournelle. Venue à la Cour par l'en-

---

(1) *Journal de Barbier*, novembre 1742, t. II, p. 207.
(2) *Recueil Maurepas*.

tremise de ses sœurs, elle ne tarda pas à faire tourner les yeux du roi vers elle.

Mlle de Charolais, qui avait été congédiée avec sa sœur, Mlle de Clermont, quant aux soupers, faisait alors tout son possible pour amener un arrangement entre le roi et elle. « On n'a plus besoin de maq., on se contente de la put.; on envoie seulement, lundi, chercher la maréchale d'Estrées avec les deux sœurs de Mailly (Mme de Mailly et Mme de la Tournelle) et Mme de Vintimille, ce qui, avec un ou deux autres courtisans, fut suffisant au petit souper du roi, et voilà qu'on prend goût à ce particulier... Il a fallu sacrifier cette méchante maq. de Mademoiselle, de quoi les honnêtes gens font des feux de joie à la Cour (1). »

Pendant ce temps on notait, dans les Mémoires et dans les journaux particuliers, que le père Neufville, grand prédicateur jésuite, venait prêcher le carême à Versailles, que Mme de Mailly était assise, avec d'autres dames, au bas de la chaire du prédicateur, de sorte que « le roi a cette dame devant lui ainsi que le sermoneur. On dit que d'un coup d'œil Sa Majesté voit le pour et le contre, la partie, la contre-partie, le poison et l'antidote. »

(1) D'Argenson, t. III, p. 28.

Ailleurs, d'Argenson dit que Mademoiselle a perdu tout crédit auprès du roi, qu'au dernier voyage de Choisy on poussa l'insulte à la laisser souper toute seule et que le roi n'allait plus à la Muette pour éviter de se servir de la maison de Madrid qui appartenait à Mademoiselle et où, à l'ordinaire, Mme de Mailly allait coucher (1).

On pourrait croire que Mlle de Charolais se consolait. Non. Dévote comme toutes les maq. de l'époque, elle se réfugiait à Madrid ou à Paris et revêtait le costume de cordelier. Cela, naturellement, amena un mouvement d'opinion et bientôt on entendit dans les alcôves se chanter les couplets suivants (2) ;

> Frère ange de Charolois,
> Par une rare aventure,
> Au cordon de saint François,
> Turelure,
> De Vénus joint la ceinture,
> Robin turelure.
>
> Un cordelier gros et gras,
> Admirant cette figure,
> En soupirant dit : « Hélas !
> Turelure
> Pourquoi n'es-tu que peinture ?
> Robin turelure. »

(1) D'Argenson, t. III, p. 109, 13 juin 1740.
(2) *Recueil Maurepas*, t. III, p. 825.

> Les novices du couvent,
> Tous en très humble posture,
> Offrent à ce bel enfant,
>   Turelure,
> Du f... plein sa mesure
>   Robin turelure (1).

Mais cela ne l'empêchait pas de chercher par mille moyens à reprendre son poste officiel et honteux à la Cour.

Le roi, qui ne songeait qu'à l'inceste, voyant autour de lui les cinq sœurs de Nesle : Mme de Mailly, Mme de Vintimille, Mme de Flavacourt (Hortense-Félicité de Mailly-Nesle, nommée Mlle de Mailly, née le 11 février 1715, mariée le 21 janvier 1739 à François-Marie de Fouilleuse, marquis de Flavacourt) (2), Mlle de Moncarvel (Diane-Adélaïde de Mailly-Nesle, née en 1714, mariée à Louis, duc de Brancas, dit duc de Lauraguais, morte le 30 novembre 1769), et Mme de la Tournelle, créée duchesse de Châteauroux en mars 1744, morte le 28 décembre de la même année.

----

(1) Ces couplets ne furent, en somme, faits qu'à propos de l'insolence de Mlle de Charolais qui s'était fait faire un portrait par le sieur Gobert, peintre du roi. On la voyait en habit de cordelier, en tête naissante.

(2) Elle vivait encore en 1792.

Il avait commencé sa cour auprès de cette dernière dès l'année 1738. « Il y a eu dimanche, jour de la Saint-Martin, un premier voyage à Choisy avec Mme de la Tournelle, disent les Mémoires; les personnes étaient : Mlle de la Roche-sur-Yon, Mme la duchesse de Luynes, dame d'honneur de la reine, Mme la duchesse de Chevreuse, femme de grande vertu, Mme de Flavacourt et Mme d'Antin jeune et jolie (1). »

Ainsi le roi faisait concurremment la cour à Mme de Mailly et à deux de ses sœurs, bientôt à trois, et la pauvre reine en souffrait en silence.

Au voyage de Compiègne, qui se fit le 7 juillet 1738 et qui dura trois semaines, les soupers du roi en hommes et en femmes furent très fréquentés, et se poussèrent jusqu'au matin. Quoiqu'elle n'était pas maîtresse déclarée, Mme de Mailly fut fort fêtée, et les choses se passaient de telle sorte que c'était absolument la même chose. Le départ du roi avait été différé de trois jours parce que Mme de Mailly avait une semaine à achever auprès de la reine comme dame du palais. On dit qu'en allant prendre congé de la reine, celle-ci lui

____

(1) C'est à cette époque que le roi donna à Mme de Mailly un logement au vieux Louvre, au magasin des meubles, rue des Poullies.

répondit : « Vous êtes la maîtresse. » Ce mot à deux ententes fut fort remarqué.

Si Mlle de Charolais n'était pas en fonctions officielles auprès du roi, elle n'en était pas moins de toutes les parties fines qui demandaient un certain savoir-faire.

Le duc de Luynes le rappelle succinctement dans ses Mémoires : « *Dimanche 28 mars 1740.* — Le roi part aujourd'hui pour la Muette, d'où il reviendra mardi souper dans ses cabinets... Les dames de ce voyage sont les deux princesses (Mlle de Charolais et Mlle de Clermont), Mme de Vintimille, Mme d'Estrées, Mme d'Antin, Mme de Ségur; Mme de Mailly est de semaine (1) !

« *Du 2 mars.* — Mme de Mailly a été souper à la Muette le lundi. Le roi revint hier de la Muette.

« *Du dimanche 24 avril.* — Mademoiselle qui a toujours été à Paris ou à Madrid pendant la quinzaine... (pour le service du roi).

« *Du vendredi 29 avril.* — Le roi vint hier de Choisy, courre à Verrières et coucher à la Muette pour faire aujourd'hui la revue des gardes-françaises. »

(1) On ne peut pas indiquer plus adroitement que le voyage n'avait lieu que pour Mme de Vintimille.

Cette revue fit écrire au duc de Luynes le passage suivant :

« *Du samedi* 3o *avril.* — Le roi fit, hier, la revue des gardes-françaises et suisses. Les dames que j'ai nommées ci-dessus étaient venues de Choisy à la Muette et y avaient couché. Lorsque le roi partit pour la revue, Mademoiselle, Mlle de Clermont et Mme de Ségur s'en allèrent à Madrid. Mme la maréchale d'Estrées alla à la revue avec Mme de Vintimille, et Mlle de Mailly avec la duchesse de Gramont. Au sortir de la revue, Mme de Mailly monta dans le carrosse de Mme la maréchale d'Estrées à la Porte-Maillot, où le roi envoya proposer à ces trois dames d'aller souper avec lui; il n'y eut qu'elles trois qui allèrent souper à la Muette. Le roi sortit de table à huit heures, et revint tout droit ici. Pendant la revue, il s'approcha du carrosse de la reine; la conversation ne fut ni bien vive ni bien longue. M. le Dauphin, qui avait été à la revue une demi-heure avant que le roi partît, suivit le roi à cheval à la revue. Madame y était dans les calèches du roi, et, comme la calèche où était Madame voulait s'avancer pour se mettre immédiatement derrière le carrosse où était la reine, le cocher du second carrosse du corps donna un coup de fouet pour joindre le premier carrosse et passa

tout près de la calèche où était Madame ; on dit
qu'elle pensa l'accrocher. »

Si on n'était pas au courant des mœurs que le
roi menait, ce passage seul suffirait. Mais les Mémoires du duc de Luynes foisonnent de semblables
détails que nous sommes obligés de donner :

« *Du jeudi* 19 *janvier* 1741. — Le roi revint,
hier, de la Muette où il avait fait un dîner, à trois
heures après midi. Les dames de ce voyage étaient
les quatre sœurs, Mme la maréchale d'Estrées et
Mme d'Antin. Le roi n' y arriva que lundi, après
avoir courre le cerf à Saint-Germain. Le lendemain,
il courre le daim dans Boulogne. Le roi y a joué
plusieurs parties d'hombre, mais il y a encore plus
travaillé en tapisserie. Ce fut le dernier voyage
de Choicy qu'il commença à se mettre à cet ouvrage ; on envoya querir deux métiers à Paris (1).
Ce voyage-ci de la Muette, il y avait sept ou huit
métiers.

« *Du mardi 8 mai* 1741. — Le roi partit, hier,
pour la Muette ; il y a couché et revient aujourd'hui
après avoir fait la revue des gardes-françaises et
suisses dans la plaine des Sablons. Le roi partit
dans sa berline à six avec Mmes de Mailly et de

(1) Voir les *Mémoires du marquis d'Argenson*, t. II, pp. 205,
206, 207.

Vintimille, Mademoiselle ; Mlle de Clermont et Mme la maréchale d'Estrées doivent s'être trouvées à la Muette.

« *Du mardi 16 mai.* — Mademoiselle est depuis huit jours à Madrid.

« *Du jeudi 29 avril 1742.* — Le roi est parti aujourd'hui pour la Muette, d'où il reviendra demain au soir. Les dames de ce voyage sont Mademoiselle, Mme la maréchal d'Estrées, Mmes de Mailly, de Ruffec (duchesse et de Sassenage).

« *Du lundi 13 août 1742.* — Le roi repartit hier dimanche, après le salut, pour aller à la Muette. Il a été tirer aujourd'hui dans la plaine Saint-Denis et revient après souper. Les dames de ce voyage sont : Mmes de Mailly et de Talleyrand, Mme la duchesse de Ruffec et Mme la maréchale d'Estrées.

« *Du mercredi 3 août 1742.* — Le roi alla hier à la chasse, d'où il alla coucher à la Muette, il en revient ce soir après souper. Il n'y a point de princesse, mais il y a quatre dames à ce voyage : Estrées, Antin, Mailly, Ruffec. »

Nous nous arrêterons là dans cette nomenclature.

Dès le mois d'octobre 1741, Mlle de Charolais avait été admise de nouveau, de façon officielle,

aux parties fines de la Muette ; c'est l'époque où
l'on pratiqua pour Mme de Mailly un joli appartement proche les cabinets du roi, où elle se tenait tout
le jour dès qu'elle était habillée. Elle avait avec
elle un petit cuisinier qui la faisait dîner et
souper ; là, peu de gens étaient admis ; on n'y
voyait, à l'ordinaire, que les deux frères Noailles,
M. de Meuse et M. du Bordage. Ajoutons, pour
détail, que le valet Lazare lui volait son vin de
Champagne.

Lorsque le roi voulait inviter une personne de
la Cour, il s'approchait d'elle et lui disait à l'oreille :
« Vous souperez avec moi. »

C'est à cette époque que meurt Mme de Vintimille. Et les auteurs de Mémoires notent : « Mme
de Mailly va tous les matins prier sur la tombe de
Mme de Vintimille... On craint que le roi ne
tourne à la dévotion. »

Crainte superflue. Le roi avait autour de lui
Mademoiselle et Mmes de Flavacourt, de la Tournelle et de Lauraguais qui veillaient.

Dès novembre 1741, Mademoiselle, quoique
venue à la Muette, n'avait pu reprendre son rôle
auprès du roi. Cela lui réussit mal de vouloir
s'imposer : elle fut méprisée de tout le monde, personne ne lui parlait plus, et le roi et sa maîtresse

chuchottaient contre elle en la regardant (1).
Ne chantonnait-on pas dans les alcôves (2) :

> Charolais, jeune et fringante,
> Vint s'offrir d'un air paillard;
> L'amour la prit par la fente,
> Disant : « Je veux mettre à part,
> Ce brave mirliton, mirliton, mirlitaine,
> Ce brave mirliton, don, don.

Mademoiselle essaya de démentir le bruit de son renvoi du m... et, pour cela, commit une bassesse. Elle envoya à Mme de Mailly une tabatière avec son portrait. Dès que la Cour connut cette action, elle se moqua de la princesse et ne lui ménagea pas les quolibets et, bientôt, on répéta un couplet qui avait eu son succès à l'époque et qui était encore de circonstance (3) :

> Que la princesse Charolais
> Mette vieux attraits en campagne,
> Qu'elle se... avec les doigts
> Faute d'outil qui l'accompagne ;
> Ah ! le voilà. Ah ! le voici
> Celui qui en est sans souci.

(1) D'ARGENSON, t. III, p. 417.
(2) *Recueil Maurepas*, t. III, p. 298, sur l'air « J'ai du mirliton », qui date de 1723.
(3) *Recueil Maurepas*, t. IV, p. 127.

Elle dut se résigner, pour quelque temps, à vivre à l'écart de la Cour et des amours du roi.

*
* *

Hortense-Félicité de Mailly-Nesle avait épousé, le 21 janvier 1739, le marquis de Flavacourt, François-Marie de Fouilleuse, capitaine au régiment de Royal-Cravates avec rang de mestre de camp ; grâce à la faveur du roi, qui courtisait sa femme, il fut nommé brigadier de cavalerie le 15 mars 1740.

« Elle est très jolie, aussi bien que Mme la marquise de la Tournelle, sa sœur, écrit Barbier dans son journal (1). Le premier banc de l'amphithéâtre était réservé pour la noce. Il n'y a pas de comparaison entre les deux jeunes mariées, qui sont très jolies personnes, et leur sœur aînée, Mme de Mailly, qui n'a que de la vivacité et de l'enjouement, mais qui n'est pas jolie, il s'en faut bien, et qui, d'ailleurs, a plus de trente ans. Au sortir de l'Opéra, le roi s'en retourna souper à la Muette avec hommes et femmes. »

Mme de Mailly n'aimait point les bals dans la crainte que le roi, étant déguisé, ne trouvât quelque

____

(1) *Journal de Barbier*, t. II, p. 214.

minois à son goût, et n'était rassurée que lorsque le roi allait à l'Opéra, comme ce soir-là, entendre l'*Alceste* de Quinault, musique de Lulli, ayant à sa droite Mademoiselle et à sa gauche Mlle de Clermont, tandis qu'elle-même était dans une deuxième loge.

Dans cette année 1739, le roi, sous prétexte de quelque incommodité, ne fit ni cérémonie ni ses Pâques ; cela causa un grand scandale à Versailles et beaucoup de bruit à Paris, car cela rendait publique son intrigue avec la Mailly et on n'était pas encore habitué aux incestes du roi. « Il est dangereux pour un roi, dit Barbier (1), de donner un pareil exemple à son peuple, et nous sommes assez bien avec le pape pour que le fils aîné de l'Église eût une dispense pour faire ses Pâques, en quelque état qu'il fût, sans sacrilège et en sûreté de conscience. » C'était l'époque des petits soupers à la Muette et à Madrid chez Mlle de Charolais.

Mais, pour en revenir à Mmes de la Tournelle et de Flavacourt, disons qu'à partir d'avril 1740, elles soupèrent communément dans les petits cabinets du roi et assistèrent, tant en spec-

____

(1) *Journal de Barbier*, t. II, p. 224, avril 1739.

tatrices que comme actrices, à toutes les orgies.

La présence des deux sœurs aux petits soupers, l'intimité qui existait entre elles et le roi, ne poussaient nullement le roi à chasser Mme de Mailly et, à ce sujet, d'Argenson (1) raconte, dans ses Mémoires, l'anecdote suivante : « Le roi a des écoutes de fausses portes, partout des trous avec des glaces par où il voit et entend tout... Il a entendu ces messieurs (les courtisans) qui raisonnaient ensemble dans leurs chambres et disaient que le roi ne garderait pas longtemps la Mailly, vilaine b... disaient-ils, et qui lui avait donné la ch... p..., qu'il la quitterait partout. Et, sur cela, ils ont entendu une voix qui criait par la cheminée : « Non, il ne la quittera jamais. »

Le roi (mai 1740) venait de donner à Mme de Mailly le péage du pont de Neuilly (2).

La maladie dont les courtisans parlaient venait de ce qu'en mai 1740 le roi fut pris d'un gros rhume. Le même d'Argenson nous en parle en ces termes, à la date du 31 mai (3) : « Le roi ne tousse presque plus ; un bouillon de navets l'a guéri, ce bouillon était préparé par l'amour ; Mme de

(1) D'Argenson, t. III, p. 54, avril 1740.
(2) D'Argenson, t. III, p. 91.
(3) D'Argenson, t. II, p. 90.

Mailly l'avait préparé elle-même. Sa Majesté avait une robe de chambre qui l'ennuyait. Mme de Mailly part sur-le-champ à Paris, en choisit une charmante, la fait faire toute la nuit et, le lendemain, le roi la trouva sur sa toilette. »

Mais, malgré les amabilités, les gentillesses et les preuves d'amour de sa maîtresse favorite, le roi était inconstant.

Tandis qu'il faisait un voyage à Marly avec la reine et toute la Cour, voyage qui dura du 5 au 28 mai 1740, il allait souvent coucher à Choisy, qui était la maison de campagne la plus commode des environs de Marly pour faire les petits soupers. On voyait partir Mme de Mailly d'un des petits pavillons de Marly ; elle était parée, montait dans une chaise de poste du roi, avec deux pages de l'écurie à cheval et éclairée par des porteurs de flambeau. Mmes de Flavacourt et de la Tournelle partaient de même incognito ainsi que les autres personnes de la Cour qui étaient invitées.

Cependant, Mme de Mailly, malgré les écarts du roi, avait toujours ses faveurs. Il ne se faisait pas un souper ni une partie fine sans elle, et, si son père était en exil, la délicatesse de la favorite l'empêchait de rien demander au roi, même dans ce cas, pour lequel personne ne l'aurait blâmée. Le scrupuleux Barbier nous donne, à ce sujet, quelques détails (1) :

« A l'égard du marquis de Nesle, il est toujours en exil pour les impertinences qu'il a débitées avec ses créanciers contre les maîtres des requêtes créanciers de sa commission. C'est un homme d'esprit, mais très fou, d'une hauteur extraordinaire. Il est à présumer, s'il était d'un autre caractère, qu'avec le crédit de sa fille il aurait arrangé ses affaires. Mais il faut toujours que cela passe par le canal du cardinal.

« Si le marquis de Nesle mourait, Mme la comtesse de Mailly se trouverait appelée, à cause de son mari, à une substitution de plus de 200.000 francs de rente. Mais j'ai entendu dire qu'il y a un grand garçon de 15 ans, fils de M. le prince de Soubise et de Mme la marquise de Nesle, né pendant le mariage, baptisé sous le nom du marquis de Nesle, élevé secrètement par la maison de Rohan, qui pourrait peut-être un jour paraître pour recueillir seul tous ces grands biens. Cela ferait un bon procès. A la vérité, les circonstances ne seraient pas favorables pour lui à présent. »

____

(1) *Journal de Barbier*, t. II, p. 258.

C'est à ce moment que le roi convoita Mme de
la Tournelle, et cela si peu de jours après la mort
de Mme de Vintimille et celle de Mme de Mazarin
que le scandale fut bruyant.

Cette dernière avait été la première à apprendre
à la reine les amours du roi et de Mme de Mailly
en insistant sur la honte et le déshonneur que
cela attirait à la jeune majesté.

Le roi ne pouvait donc se résoudre à prendre
Mme de la Tournelle, qu'il convoitait si ardem-
ment, et dont la Mazarin était comme la mère ou
la seule bienfaitrice ; mais, sitôt après la mort de
la Mazarin, la question fut décidée, et le roi n'usa
plus que de quelques artifices avant de faire accepter sa nouvelle maîtresse publiquement.

Le roi alla la voir avec une perruque carrée,
une redingote, et dans une chaise bleue. Il resta
avec elle jusqu'à quatre heures du matin. En fière
p..., elle ne voulait accepter l'amour du roi qu'à la
condition d'être la maîtresse déclarée.

Le monarque, qui s'attira ce distique sur sa
statue équestre :

> Les vertus sont à pied
> Et le vice est à cheval,

se refusa quelques jours à renvoyer sa première

maîtresse qui lui était si fidèle et si douce. Sa nature n'était pas méchante, et, connaissant l'amour que Mme de Mailly lui portait, il savait que le renvoi rendrait la favorite extrêmement malheureuse. Mais le vice fut plus fort que la bonté, et, pour obtenir les faveurs de Mme de la Tournelle, il promit tout ce que celle-ci demandait.

La grande nouvelle fut annoncée le 5 novembre 1742 par d'Argenson :

« Grande nouvelle, le roi a congédié Mme de Mailly pour prendre sa sœur Mme de la Tournelle. Cela s'est passé avec une dureté qui ne se comprend pas d'un roi très chrétien : c'est la sœur qui fait chasser la sœur; elle exige son exil et cette troisième sœur prise pour maîtresse, fait croire que la deuxième, Mme de Vintimille, y a passé, ce qui nous constitue un maître vicieux. Cette Vintimille était maigre, laide, pauvre et puante. »

Le même auteur en reparle dans ses Mémoires; c'est un sujet qui, visiblement, le froisse :

« Mme de Mailly a été renvoyée un peu plus durement qu'une fille d'Opéra. Le samedi à dîner, le roi lui dit qu'il ne voulait pas qu'elle couchât le soir à Versailles : elle devait, cependant, y revenir le lundi; il y eut quantité de missives et de courriers ce jour-là. Mme de la Tournelle a voulu absolument exiger que sa sœur ne revînt jamais à Versailles tant qu'elle serait maîtresse du roi, et l'affaire s'est consommée seulement la nuit du mercredi au jeudi. »

, Les premières amours du roi et de Mme de la Tournelle devinrent publiques par l'opinion, mais extrêmement décentes et secrètes à l'extérieur.

« Le roi ne va chez elle que la nuit, il ne soupe avec elle qu'à la Muette et à Choisy, on ne la voit se hausser ni baisser de son avènement à la couronne, mais fort embellie et satisfaite. C'est une femme habile, d'une conduite suivie et intéressée. Elle a eu jusqu'à trois affaires : M. de la Trémouille, M. de Soubise et M. d'Agenois. Le premier la séduisit par ses charmes, M. de Soubise par intérêt et par vues ; elle avait besoin de lui pour que la maison de Rohan et Mme de Tallard s'intéressassent à elle en vue d'entrer chez Mme la Dauphine; elle ne lui permit que la petite oie, et elle eut M. d'Agenois pour se procurer les conseils de M. de Richelieu qui était en partie carrée avec elle, son cousin le petit d'Agenois et Mme de Flavacourt. M. de Richelieu est dans la grande faveur du roi, c'est un autre M. Dangeau, qui compose les lettres respectives de la maîtresse et de l'amant.

« La reine n'a su si elle se fâcherait ou non. L'autre jour elle était chez Mme de Villars avec Mme de la Tournelle et Mme de Montauban (1), qui me l'a redit ; on parla du mauvais état de nos affaires d'Allemagne ; la reine s'écria que ç'allait être bien pire par la colère du Ciel. Mme de la Tournelle demanda ensuite ce que cela voulait dire. Mme de Montauban gronda fort la reine, elle lui avait déjà débité ses conseils, et Sa Majesté avait promis de se bien conduire dans ces nouvelles amours ; cependant encore, le soir, elle congédia Mme de la Tournelle, qui devait passer la soirée avec Sa Majesté, étant de semaine ; mais, depuis cela, elle lui fait assez bonne mine à l'ordinaire (2). »

Dès que Mme de Mailly eut quitté Versailles et que le roi vint régulièrement chez elle, Mme de la Tournelle augmenta ses exigences, et il fallut bien que le roi en passât par là.

Elle demanda au roi le duché de Châteauroux, et le roi le lui donna.

---

(1) Éléonore-Eugénie de Bethisy, princesse de Montauban, dame du palais de la reine.

(2) D'ARGENSON, t. IV, p. 44, 27 novembre

« Le 17 janvier 1744, le Parlement se réunit pour enregistrer les lettres patentes sur le don du duché de Châteauroux à Mme de la Tournelle; celles-ci donnent cette terre non seulement à elle, mais à ses enfants mâles et déclarent qu'il reviendra à la couronne faute d'héritiers mâles issus de cette belle veuve, ce qui annonce au peuple qu'elle pourrait bien être grosse depuis les premières lettres patentes (1). »

Le préambule de ces lettres patentes contient les motifs, les grands services rendus à la France par la maison de Mailly, l'attachement personnel de la dame et les services qu'elle rend à la reine, les vertus et qualités rares et singulières d'esprit et de cœur dont est douée ladite dame. La compagnie a écouté gravement ces fleurettes que le monarque conte à sa maîtresse, et a conclu à l'enregistrement.

Aussitôt que le roi fit la cour à Mme de la Tournelle, la chanson fit son apparition (2):

(1) Lettres patentes, portant don du duché et pairie de Châteauroux en faveur de la dame marquise de la Tournelle, données à Versailles au mois de décembre 1743. Paris, chez la veuve Delatour, 1744, in-4° de 4 pages. Ces lettres furent enregistrées le 17 janvier 1744 au Parlement, le 24 à la Chambre des comptes, et le 29 à la Cour des aides. Dès le 21 octobre précédent, le roi avait déclaré à Fontainebleau ces intentions à cet égard.

(2) *Recueil Maurepas*, t. VI, p. 29.

Et allons donc, dame la Tournelle,
Et allons donc, rendez-vous donc.
Quand votre roi vous appelle,
Vous faites trop de façons.
Et allons donc, dame la Tournelle,
Et allons donc, rendez-vous donc.

Quand votre roi vous appelle,
Vous faites trop de façons ;
Encore si vous étiez pucelle,
Vous le pardonnerait-on.
Et allons donc, dame la Tournelle,
Et allons donc, rendez-vous donc.

Encore si vous étiez pucelle,
Vous le pardonnerait-on.
Si vous vous donnez pour telle
Toute la Cour dira non.
Et allons donc, dame la Tournelle,
Et allons donc, rendez-vous donc.

Si vous vous donnez pour telle
Toute la Cour dira non.
De faire ainsi la cruelle,
Ma foi, c'est hors de raison.
Et allons donc, dame la Tournelle,
Et allons donc, rendez-vous donc.

De faire ainsi la cruelle,
Ma foi, c'est hors de raison.
Dans le sang de la de Nesle
En a-t-on jamais vu ? Non.
Et allons donc, dame la Tournelle,
Et allons donc, rendez-vous donc.

Cette chanson ne fut pas la seule. La Cour riait sous cape et le peuple de Paris ouvertement des mœurs de Louis XV. Il aurait fallu une grande retenue de la part du roi pour cacher ses sorties nocturnes et les saturnales des orgies qui étaient faites tant à Choisy qu'au Petit Madrid. Ainsi la nature de ces choses appelait la chanson, mais la chanson piquante, souvent mordante, quelquefois même grossière, que l'on se répétait dans les cercles ennemis des courtisanes et du roi.

Les amis, ceux qui partageaient les promenades, ceux qui avaient l'honneur d'être invités aux soupers, ceux qui étaient admis aux saturnales, ceux-là ne pouvaient enrayer le courant de l'opinion ; peut-être aurait-il fallu que le roi ne se jetât pas aussi éperdûment dans l'inceste, et choisît ses maîtresses ailleurs que dans la même famille. Cela devait arriver plus tard, mais trop tard pour diminuer le monarque aux yeux de la Cour et du peuple même qu'il gouvernait et qui, déjà instruit par les mœurs immorales du roi et les écrits sans nombre qui se répandaient par les mains des nouvellistes, fomentait en silence le grand mouvement qui devait jeter le trône à bas et conduire à l'échafaud un roi trop juste et trop bon et une reine fière et trop légère.

Ce sont ces choses qui amenèrent les quatre couplets suivants, satire mordante des mœurs du roi (1) :

Sur le roi et Mme de la Tournelle.

Sire, vous vouliez être à moi ;
Et, moi, je voulais être à vous ;
    Tout à votre aise, sire,
Et convenez que, dans le fond,
L'un sur l'autre nous allons
    Tous deux comme de cire.

Mais, sans mon hôte j'ai compté,
Lorsque j'ai cru, de mon côté,
    Y gagner quelque chose ;
Je vous aime de bonne foi,
Mais vous ne m'aimez pas en roi
    Et tout le monde en glose.

Les Fontanges, les Montespans,
Aimaient-elles à leurs dépens ?
    La nippe se déchire,
On use trop ses cotillons ;
Vous êtes riche à millions,
    Louis, faut-il tout dire ?

Tous rois galans sont généreux
Et l'on ne vit jamais chez eux
    De lésine si grande,
Et sur cette lésine, hélas !
On doute que, pour mes appas,
    Votre Majesté bande.

(1) *Recueil Maurepas*, t. VI, p. 51, sur l'air : « Hélas ; faut-il tout dire » (1743).

Comme nous l'avons dit, le roi, à la même époque, faisait la cour à Mme de Flavacourt, car il semble bien que, du jour où il goûta de la vie désordonnée et incestueuse, il eut besoin de plusieurs femmes.

C'était Mlle de Charolais qui l'avait amené là :

> Pour la jeune et charmante
> Princesse Charolais
> Faire la (—) l'amante
> De notre jeune roi ;
> Elle est vive et fringante,
> Elle lui montrera
> A faire cela (1).

Aussi, quand elle-même fut trompée, on lui reprocha d'avoir amené les cinq sœurs de Nesle dans le lit du roi. Ce qui valut à Mademoiselle le couplet suivant, dû à Mme la duchesse de Retz :

> Put... prends garde à toi,
> Le Dombes est infidèle.
> Las de te voir courir après le roi
> De put... en put... il parvint à la Nesle (2).

(1) *Recueil Maurepas*, t. III, p. 330, sur l'air : « Margot, la ravaudeuse ».

(2) *Recueil Maurepas*, t. III, p. 344. Ce quatrain fut distribué aux seigneurs et aux dames de Marly par un inconnu, le dimanche 18 janvier 1728.

Ce couplet, légèrement changé, se fredonnait en 1743, en souvenir du succès qu'il avait obtenu à son apparition et du rôle que jouait Mlle de Charolais auprès du roi.

Quand il y eut deux ans que les relations du roi et de Mme de la Tournelle, que nous nommerons dorénavant Mme de Châteauroux, existèrent, le roi se lassa. « Sa Majesté en est ce qu'on appelle regoulée ; il n'a plus rien à dire avec elle, ni rien à faire, elle est tentée de le croire infidèle. Tel il fut avec Mme de Mailly deux ans avant de la renvoyer (1). »

Voici le portrait que d'Argenson fait de Mme de Flavacourt, qui attirait alors les regards du roi : « Mme de Flavacourt, sœur de Mme de Châteauroux, belle, mais fausse, avec peu d'esprit ni de naturel, a été lorgnée du roi et y a répondu ; il a été question du marché à l'imitation de sa sœur ; elle a voulu pour première condition que l'on renvoyât sa sœur ; le roi a craint, sans doute, que cela ne donnât une nouvelle scène au public et les grands frais d'une nouvelle maîtresse déclarée, de sorte que la première personne à qui il a été le dire, c'est à Mme de Châteauroux. Sur quoi elle dit : « Sire,

____

(1) D'ARGENSON, t. III, p. 90, 7 avril.

« vous me chasserez si vous voulez, mais je com-
« mence par vous demander, ou que cela soit sur-le-
« champ, ou que ma sœur le soit » ; et, sur cela, il a
été déclaré que ladite sœur de Flavacourt ne serait
plus ni des cabinets, ni de la Muette, ni de Choisy.

« Sa Majesté s'est trouvée quelquefois assez d'ap-
pétit pour tâter de cette grosse vilaine Lauraguais,
de sorte que voilà les cinq sœurs exploitées. Reste
Mme de la Guiche, leur sœur bâtarde, que le monarque lorgne avec des desseins marqués. L'amour
volage coûtera cher aux finances. Diane-Adélaïde
de Mailly Nesle, née en 1714, avait épousé, au
mois de décembre 1742, Louis de Brancas, duc de
Lauraguais. »

C'est alors que Mlle de Charolais reprit son
métier tant méprisé de maq... ; et que les nouvellistes purent répandre dans la Cour et le peuple
de nouveaux couplets (1) :

> Chantons une ritournelle
> Sur la belle la Tournelle
> Que la Mailly débusqua.
> Ramonez cy, ramonez là,
> Ramonez là du haut en bas.
>
> La grand'jument Vintimille
> Tâta peu de la béquille.

(1) *Recueil Maurepas*, t. VI, p. 24.

La mort trop tôt l'enleva,
Ramonez cy, ramonez là,
Ramonez là du haut en bas.

A présent, c'est la Tournelle
Qui ne fut jamais cruelle
Que Louis chatouillera.
Ramonez cy, ramonez là
Ramonez là du haut en bas.

Attendez même fortune,
Flavacourt, charmante brune,
Votre tour aussi viendra.
Ramonez ci, ramonez là,
Ramonez-là du haut en bas.

Reste encore une fillette
Qui vraiment n'est pas mal faite,
Comme aux autres on lui fera:
Ramonez cy, ramonez là,
Ramonez là du haut en bas.

Protecteur de la famille,
Louis dressera sa béquille
Toutes les sœurs b.....
Ramonez cy, ramonez là,
Ramonez là du haut en bas.

Cependant, monsieur son père
Pas mieux n'est dans ses affaires
Par toutes ces faveurs-là.
Ramonez cy, ramonez là,
Ramonez là du haut en bas.

> Et l'on voit Son Éminence
> Le grand soutien de la France
> Qui se fout de tout cela.
> Ramonez cy, ramonez là,
> Ramonez là du haut en bas.

On disait aussi, mais en prose, que c'était le duc de Richelieu, le Don Juan de l'époque, qui avait mis à mal Mme de Flavacourt, que d'Argenson qualifie la première beauté de la Cour ; « il l'a animée, dit-il, elle parle davantage, elle a peu d'esprit, elle se piquait depuis longtemps d'une grande haine contre son mari (1)».

Parmi les amoureux qui tournaient autour d'elle et tentaient par leur rondeur et leur esprit d'obtenir ses faveurs, il faut citer M. de Puisieux, qui se donna un grand ridicule en faisant le tendre auprès d'elle.

On appelait alors Mme de Flavacourt, *La Poule*, sobriquet qu'elle partageait avec Mme la duchesse de Luynes. On se moquait de M. de Puisieux dans les petits cabinets à l'heure des soupers orgiaques, car on savait très bien que la nouvelle maîtresse du roi lui préférait M. le baron de Scheffer, ministre de Suède.

Être roi, ne donne pas pour cela la fidélité des maîtresses.

(1) D'Argenson, t. III, p. 234, 22 novembre 1740.

CHAPITRE VIII

Madame de Châteauroux, maîtresse déclarée. — Madame de
la Tournelle, maîtresse du roi en second — Madame la
duchesse de Lauraguais est bientôt associée à ses sœurs.
— Renvoi de Madame de Châteauroux; sa rentrée en
cour, sa mort.— Mort de Mademoiselle de Charolais.

> Reste encore une fillette
> Qui, vraiment, n'est pas mal faite,
> Comme aux autres on lui fera...

écrivions-nous au chapitre précédent, en com-
pulsant le curieux recueil Maurepas.

Cette fillette n'était autre que Diane-Adélaïde de
Mailly-Nesle, née le 13 janvier 1714. Elle avait
épousé, au mois de décembre 1742, Louis de Brancas, duc de Villars, appelé le duc de Lauraguais,
colonel du régiment d'Artois. Elle mourut le 30 novembre 1769.

Elle ne tarda pas, en effet, à rejoindre ses sœurs
dans la couche royale, et on l'appelait communé-

ment Mlle de Moncarvel (1). « On prétend l'admettre dans la société, dit d'Argenson (2), mais ce n'est qu'une babillarde. »

On ne parle plus alors de la pauvre comtesse de Mailly, qui vit à Paris dans une haute dévotion depuis la nouvelle du danger du roi. Elle ne quittait plus l'église. Elle était sous la direction du Père Renaut, de l'Oratoire, fameux prédicateur ; mais, à la Cour, on la regrettait sincèrement, tous la plaignaient d'autant plus que c'était une bonne et douce femme qui, du temps de son crédit, ne fit jamais de mal à personne.

On ne pouvait reprocher que deux cas où elle s'était mêlée de politique : d'abord, lorsqu'elle avait demandé la place de premier gentilhomme de la chambre pour M. le duc de Luxembourg ; ensuite, quand elle s'était mise en tête de réconcilier Chauvelin et Maurepas. Une personne de la Cour disait spirituellement, à ce sujet : « Quatre mille hommes n'y parviendraient pas, mais deux... femmes de la Cour y réussiront. » La deuxième personne était Mlle de Charolais, et l'accord n'eut pas lieu.

L'entrée de Mme de Châteauroux dans les fa-

(1) Moncarvel était un marquisat dont le titre s'ajoutait à celui de Nesle.
(2) D'ARGENSON, t. III, p. 397.

veurs du roi, ainsi que celle de Mme de Lauraguais, changea entièrement les habitudes auxquelles la Cour était habituée depuis l'époque où le roi s'avisa de ne plus vivre en bourgeois. « On s'acheminait lentement vers le règne des Pompadours et des Du Barry, mais aussi on réveillait les chansons tant goûtées dans les antichambres et les alcôves. »

Dès l'arrivée au pouvoir de Mme de Châteauroux, dans les petits cabinets du roi, c'est-à-dire en février 1743, circula cette chanson (1) :

> L'on dit que Son Excellence,
> La sultane de Choisy,
> Continue sa contredanse
> Avec notre grand sofi,
> Et l'on est dans l'espérance
> D'un petit mamamouchi.

Et, quelques jours après la nomination de Mme de la Tournelle au titre de duchesse de Châteauroux, ce qui lui donnait un tabouret à la Cour, on connut les deux couplets suivants, qui n'ont rien à envier aux autres (2) :

---

(1) *Journal de Barbier*, t. II, p. 349.
(2) *Recueil Maurepas*, t. VI, p. 62, sur l'air : « M. le Prevost des Marchands. »

Incestueuse la Tournelle
Qui des cinq êtes la plus belle,
Ce tabouret tant souhaité
A droit de vous rendre plus fière :
Votre devant, en vérité,
Ne sert pas mal votre derrière.

Vos sœurs Mailly et Vintimille
Près de vous n'étaient que guenille.
En ce temps-là, Fleury régnait,
Louis vous trouvait la plus belle ;
De vous le dire il ne l'osait,
Car il était sous sa tutelle.

Mme de Châteauroux que ces morsures ne touchaient pas, continuait à régner sur le cœur du roi et à augmenter sans cesse son crédit par de nouvelles demandes de faveurs. Si elle acceptait auprès d'elle Mme de Lauraguais, ou Mme la comtesse d'Egmont, fille du maréchal duc de Richelieu, c'est qu'elle ne craignait ni leur beauté, ni leur esprit, ni leurs vices. En ces trois choses elle portait dignement la palme.

Comme ses sœurs, elle fréquenta Compiègne, Choisy, Madrid, entraînant ouvertement après elle la suite des courtisans et des hommes les plus puissants du royaume. Ces voyages, cependant, n'étaient pas aussi fréquents, parce qu'étant maîtresse déclarée, le roi n'était pas obligé de prendre des précautions superflues. En même temps, le royal amant offrait sa couche à Mme de Lauraguais qui la partageait volontiers avec sa sœur. Il semblait vraiment que Louis ne connût plus de plaisir sans l'assaisonnement de l'inceste.

Le nom de Mme de Lauraguais n'était pas encore chantonné, mais on ne se faisait pas faute de multiplier les couplets sur sa sœur, qui attirait sur elle les yeux de la France entière par son avidité de richesses et de pouvoir :

> Trois cardinaux brillent en Cour :
>   Fleury, par sa prudence,
> Tenin au conseil, chaque jour,
>   Fait voir son éloquence,
> Et la Tournelle, tous les mois,
>   Montre son éminence.
> De ce dernier Louis a fait choix
>   Pour gouverner la France (1).

En mai 1744, Mme de Châteauroux alla passer l'été à Plaisance, belle maison contre Nogent, par delà Vincennes, et qui appartenait à M. Pâris-Duverney, entrepreneur général des vivres de l'armée de Flandre (2).

La chronique scandaleuse répéta de tous les

(1) *Recueil Maurepas*, t. VI, sur l'air de : « Joconde ».
(2) *Journal de Barbier*, t. II, p. 304.

côtés que ce M. Pâris-Duverney était pour elle un amant plus généreux que Louis XV, et, comme elle partit officiellement avec le roi quelques jours après pour faire un voyage à l'armée de Flandre et d'Alsace, elle répéta que c'était pour ne pas quitter plus longtemps son amant préféré.

En fait, le voyage de Mme de Châteauroux aux armées aux côtés du roi était chose vraiment scandaleuse. Elle emmena avec elle Mme la duchesse de Lauraguais, sa sœur ; Mme la comtesse d'Egmont et plusieurs autres dames de la Cour. Elle devait rejoindre le roi à Lille.

Suivons-la dans ce voyage, en lisant les Mémoires de d'Argenson (1) :

« Mme de Châteauroux accompagna le roi à Lille. Deux heures après son arrivée, le feu a pris à un corps de caserne : les Flamands dirent que c'était la colère céleste. Des jeunes gens allèrent, le soir, sous les fenêtres de Mme de Châteauroux chanter la chanson de Mme Anroux en la retournant ainsi :

> Belle Châteauroux
> Je deviendrais fou
> Si je ne vous baise.

(1) D'ARGENSON, 30 juin 1744.

« En passant à Laon (1), le roi a voulu dîner avec sa belle maîtresse, la duchesse de Châteauroux, il a dîné chez le duc de Richelieu, c'était incognito; mais le peuple avide l'a su, on l'a guetté dans une ruelle. Sa Majesté sortait en bonne fortune, quoique seule; les badauds de Laon l'ont aperçu et ont crié: Vive le roi ! Le monarque s'est glissé dans un jardin par une porte étroite, serrant ses basques et on l'a vu ; l'air a de nouveau retentit des cris de: Vive le roi! Ceux qui l'ont vu ont dit que cela ressemblait à la scène de Pourceaugnac où on le poursuit avec un clystère. »

Continuant son voyage avec le roi, Mme de Châteauroux passa à Reims et y tomba malade. « On a cru que c'était une ébullition ; cela a retardé le séjour à Reims, au moyen de quoi il n'y en a pas eu à Châlons, où le roi n'a fait que coucher. » Voyant sa maîtresse malade, le roi, très soucieux, ne parlait d'autre chose, et constamment, dans sa conversation, il parlait de l'enterrement qu'il lui donnerait et du tombeau qu'il lui ferait construire.

Quand elle fut guérie et se rendit à Metz, elle fit la dernière étape de sa première faveur. De graves

____

(1) D'ARGENSON, 3 août 1744.

discussions s'élevèrent entre les amants, et le roi
surtout en montra sa colère quand il connut les couplets irrespectueux qui circulaient contre lui et sa
maîtresse, dans toute la France.

On demandait hardiment le renvoi de la favorite (1) :

> Louis n'est pas un chasseur ordinaire,
> J'en ai la preuve en main !
> Chasser l'ennemi, la mort et sa catin
> N'est pas chose facile à faire.

C'est alors que le roi se décida à lui retirer son
crédit, et lui fit porter l'ordre par d'Argenson de
s'éloigner de la ville. Sa sœur, Mme la duchesse
de Lauraguais, devait l'accompagner dans son exil.

A cette nouvelle, Paris fut satisfait et montra sa
joie. Si, à ce moment, le roi lui eût demandé un
sacrifice, le peuple de Paris ne se serait pas ré-
volté. Mais cela n'arrêta pas pour cela les faiseurs
de chansons, qui nous laissèrent deux traces à ce
sujet(2):

> Châteauroux est renvoyée,
> Quelle bénédiction !
> Sa grandeur est éclipsée,
> Chantons-en le *Te Deum*.

(1) *Recueil Maurepas*, t. VI, p. 83.
(2) *Recueil Maurepas*, t. VI, p. 79, sur l'air : « Ton humeur
est, Catherine ».

Quelle leçon pour les dames
Qui courtisaient le bon roi.
Elles ont versé des larmes,
Pied au cul on les renvoie.

Lauraguais est désolée
D'avoir perdu tout son temps.
De quoi s'est-elle avisée
D'aspirer au même rang ?

Honneur de courte durée
Vous nous montrez, maintenant,
Qu'il faut bien être égarée
Pour chercher l'amour des grands.

Le renvoi de Mme de Châteauroux fut aussi
l'effet d'un mouvement d'humeur. Le roi, alors,
était malade et les ennemis de la favorite profitè-
rent de sa faiblesse pour demander son renvoi.
Le roi résista un peu, mais, quand on lui dit
qu'il allait recevoir les sacrements, il eut peur et,
comme M. l'évêque de Soissons allait l'administrer,
il lui dit de faire parvenir à Mme de Châteauroux,
par l'entremise de d'Argenson, l'ordre de se retirer
dans ses terres.

La brusquerie de ce renvoi, sa dureté fit écrire
au chansonnier le couplet brutal (1) :

(1) *Recueil Maurepas*, t. VI, p. 78, sur l'air : « La pelle au
cul ».

> La paille au cul,
> Vous partez donc, grande duchesse,
> La paille au cul.
> Qui de nous l'aurait jamais cru ?
> Que Louis rempli de tendresse
> Renverrait un jour sa maîtresse
> La paille au cul !

Mais, hélas ! la joie du peuple de Paris et du peuple de France fut de courte durée. Les menées de Mlle de Charolais pour procurer au roi une nouvelle maîtresse et rentrer ainsi en faveur furent arrêtées dès le jour de la rentrée du monarque à Paris.

En effet, dès que le roi rentra dans sa capitale, bien portant, et ne craignant plus la mort, il envoya chercher la belle duchesse et passa sa première nuit avec elle. On la revit aussitôt au cercle de la reine, où elle se rendait à l'ordinaire ; la faveur revint, et elle demanda seulement au roi le renvoi des deux hommes qui avaient le plus contribué à sa perte. Le roi y consentit et elle reprit ses charges et ses honneurs le 25 novembre.

Ce devait être pour quelques jours seulement, car elle devait être enlevée le 8 décembre, par une fièvre maligne et un brusque arrêt dans ses règles. On lit à ce sujet, dans les mémoires du temps :

« Mme de Châteauroux est malade et a été saignée trois fois, à ce qu'on dit, dans son hôtel et dans Paris ; mais d'autres pensent que c'est une feinte pour la dispenser d'aller au-devant de l'infante, comme surintendante de sa maison. »

La reine envoyait, cependant, prendre de ses nouvelles tous les jours et le roi plusieurs fois.

« C'est une fièvre maligne bien plus opiniâtre que celle du roi. Elle a été encore saignée deux fois à la gorge depuis trois jours et, par le bulletin d'hier (7 décembre), elle avait eu la nuit un redoublement avec délire. Cette maladie est un événement extrêmement singulier. »

Le bruit courut même qu'elle était morte empoisonnée par la faction des Maurepas, mais nous croyons qu'il ne faut pas ajouter foi à ce dire. « Le lundi 6, M. le duc d'Ayen dit au roi qu'elle n'était point morte, mais qu'elle était à toute extrémité, et qu'il fallait prendre des mesures pour n'en point recevoir la nouvelle à Versailles. Sur-le-champ, le roi dit à M. de Luxembourg de faire mettre des chevaux à son carrosse, dans lequel il partit sans garde, lui quatrième, avec M. le duc de Luxembourg, d'Arcourt et d'Ayen, pour se rendre à la Muette, dans le Bois de Boulogne. Le mardi, le duc de Grammont et trois autres s'y rendirent. On dit que le roi est dans une affliction mortelle.

Le chagrin qu'il fait paraître est très pardonnable par le reproche qu'il peut s'adresser d'avoir été la cause de la maladie et de la mort. »

Enfin, le 8 décembre 1744, Mme de Châteauroux mourut à 5 heures du matin, dans des agitations étonnantes, qui lui étaient causées par un transport qui a duré plusieurs jours. « On dit que c'est un dépôt dans la tête, causé par une suppression des règles, que l'on attribue au chagrin de sa disgrâce ou à la joie de son rétablissement. »

Voici, pour dernier document, le jugement que d'Argenson porte sur elle : « Cette favorite était haute, fière et de grande dignité; l'on prétend qu'elle était de bon sens et même de beaucoup de jugement; c'est, cependant, ce qu'on ne peut conclure de sa conduite; puis, pour expliquer ces contradictions, il faudrait démêler les passions qui y président et considérer toutes les causes vicieuses qui triomphent de l'honnêteté des devoirs et même de la nature. De la beauté, de la naissance, le manque de liens dans une Cour somptueuse, quelques objets de vengeance, des amis et des créatures à avancer voilà : les passions qui métamorphosent honteusement une femme bien née en courtisane; elles croient trouver de la gloire dans un putanisme qui fait partie de l'histoire.

« Mme de Châteauroux quitta un amant aimé pour se donner au roi sans amour; elle ne prit pas seulement la peine de le feindre; il adorait jusqu'à ses caprices; elle rappelait par là le souvenir de Mme de Montespan à la Cour. Elle n'était pas dévouée au vil intérêt de s'enrichir comme celle qui lui a succédé, mais des gens d'affaires eussent pris ce soin et eussent mené nos finances grand train; elle avait de plus hautes visées. Le duc de Richelieu était son principal conseil. Gouverner, régner, porter à de hautes injustices, conseiller des guerres funestes : voilà ce qui remplit l'âme de ces fières maîtresses des rois, comme les usurpateurs accusent les conquérants; et, tandis que les lois punissent de bien moindres maux sur les courtisanes plébéiennes et sur les voleurs, on célèbre ce qui détruit le genre humain. Elle exigea la disgrâce de sa sœur (Mailly) pour prix de ses faveurs ; elle lui avait cependant de grandes obligations. Elle suivit le roi à l'armée, à la campagne de 1744, pour ne pas perdre le fil de son crédit; cette démarche déplut à la nation; elle répondit des premières atteintes de la grande maladie que le roi essuya à Metz et qui pensa devenir si funeste.

Elle fut chassée publiquement, et par ordre royal, de Shizté, quand ce prince fut entre les mains des prêtres. »

La mort de Mme de Châteauroux fut la disgrâce complète de Mlle de Charolais, qui dut, dès lors, se contenter de quelques reliefs d'amour sans importance. Elle n'avait été chagrinée, à vrai dire, que de la mort d'un de ses amants, M. le comte de Coigny.

Elle tenta bien, de-ci de-là, quelques nouvelles intrigues, et de faire revivre les beaux jours de son maq...; mais tout fut inutile et il n'est plus question d'elle dans les amours du roi. Elle dut se retirer soit à sa maison de la rue de Varennes, soit au Petit Madrid, et remplir son service à la Cour avec la ponctualité et la discrétion d'une bonne servante. On peut dire qu'on lui en sut gré.

Malgré les excès qu'elle avait commis tant en amour qu'en repas, car elle était très gourmande, elle jouit toujours d'une bonne santé, excepté les indigestions qu'elle se donnait souvent. Mais, depuis 1754, elle était sujette à des incommodités qui paraissaient marquer une mauvaise qualité de sang, « mauvaise qualité de même espèce que celle que nous avons vue à la mort de feu Mme la duchesse sa mère, de feu M. le duc et même de

M. d'Antin et de M. du Maine ». En avril 1758,
il y avait trois ou quatre mois qu'elle était tombée
malade et cette maladie avait si fort augmenté
qu'on l'avait dite morte pendant trois jours à
Paris.

Elle devait, cependant, mourir le dimanche
8 avril 1758, à 5 heures du matin.

Elle avait fait son légataire universel M. le
comte de la Marche.

On crut qu'il y aurait peut-être quelques difficultés et même un procès au sujet de son testament, à cause d'un mot mal écrit de sa main
(ouvriers au lieu d'héritiers), mais il paraît que
tout se concilia. Mlle de Charolais a laissé à
Mme de Bercy, sa dame d'honneur, les mêmes
4.000 francs qu'elle avait d'appointements, et fit
le même arrangement pour tous ceux qui lui étaient
attachés. Elle donna en plus beaucoup de bijoux.
Dans la lecture de son testament, nous remar
quons que Mme l'abbesse de Beaumont, sa sœur,
lui avait laissé tout son bien et qu'en échange,
Mlle de Charolais lui faisait 27.000 francs de
rentes.

Nous avons montré, au cours de cette histoire,
les parties vivantes de sa vie et le rôle indécent
qu'elle joua tant à la Cour qu'à la ville.

Ce rôle est lié à la vie dévergondée des courtisans, étant née sous la Régence, ayant vécu de façon plus qu'amoureuse à cette époque et ayant cherché par sa situation de famille à obtenir les faveurs d'un roi qui se trouvait alors trop jeune pour elle. C'est probablement à cela que l'on doit le vilain rôle qu'elle joua auprès de Louis XV pendant plus de vingt ans.

Si les circonstances s'étaient présentées différentes, c'est-à-dire si Mademoiselle avait pu devenir la maîtresse du roi, jamais nous n'aurions connu les incestes de Louis XV, jamais les cinq demoiselles de Nesle ne se seraient succédé dans sa couche, et même nous n'aurions pas connu la Pompadour, car Mlle de Charolais avait tout ce qu'il fallait pour empêcher un amant de chercher ailleurs.

Cette vie est curieuse, comme on a pu s'en rendre compte, et, si nous ne l'avons que peu détaillée, si nous n'avons pas appuyé sur certaines orgies, c'est que nous n'avons pas voulu faire entrer la moindre parcelle d'imagination dans un livre qui est tout histoire.

CHAPITRE IX

La courte disgrâce de Mme de Châteauroux — La correspondance avec son oncle, le duc de Richelieu — Sa rentrée en grâce. — Maurepas humilié, ses ennemis exilés.

Un des moments les plus intéressants de la vie de Mme de Châteauroux est justement celui qu'elle passa loin de la Cour, alors que le parti Maurepas, les Fitz-James, le duc de Châtillon et même Perusseau, confesseur du roi, s'étaient alliés pour remplacer la favorite pendant la maladie du roi à Metz.

Dans la correspondance très active qu'elle échangea avec son oncle, le maréchal duc de Richelieu, on peut lire tout son caractère, et on la trouve menteuse, astucieuse, ardente dans ses désirs, violente dans ses colères, méchante même.

Le roi lui rendit le pouvoir pendant quelques jours, comme s'il pensait que la mort veillait sur elle, et qu'il voulût qu'elle s'éteignît en pleine gloire à l'encontre de ses sœurs qu'il avait perdues, soit en exil, soit loin de lui. Mais il l'ignorait. Et, après les premières vengeances de la favorite assouvies, on se peut demander si son caractère dominateur n'eût pas inspiré au roi des fautes pires que celles qu'il commit.

Sa beauté, son enjouement, son esprit railleur, son ironie délicate, toutes choses qui s'opposaient aux tristesses et aux tendresses larmoyantes du roi, avaient si facilement triomphé du caractère royal, que, pour la première fois, on vit le roi sortir de son économie, monter une maison à sa maîtresse, lui acheter des joyaux, des chevaux... Il lui donna ensuite des titres et s'humilia devant elle, et fit s'humilier les plus grands, d'une façon presque honteuse. C'est pourquoi la mort de Mme de Châteauroux donna comme une joie générale et qu'on ne vit pas sans déplaisir lui succéder Mme de Pompadour. Mme de Châteauroux n'ayant pas encore la nouvelle que le roi était entré en convalescence et que tout était fini pour elle, écrivit au duc de Richelieu la lettre suivante :

« A Sainte-Menoult, ce 18 à onze heures.

« Je suis persuadé que le roi en reviendra et j'en suis dans le plus grand enchantement, sa dévotion me paraît poussée au plus loin, et cela ne m'étonne pas, ne soyé pas effrayé de ma proposition de rester icy. Ma lettre n'estoit pas party que je fis reflection que cela seroit ridicule, et nous partirons demains sans faute, mais c'est assé simple que ma teste se trouve égarée par cy par la, soyé tranquille je vous promets que je vais tout de suite à Paris, si l'on parle du retardement vous pourré dire que ce sont les chevaux qui en sont cause, comme de fait, et je vous donne ma parole d'honneur que je ne paresse plus. J'espère que vous nauré pas de scène à essuyer, cela serait aussi trop fort, mais il est bien certain que vous este plus a plaindre que les autres, estant plus craint et moins soutenu, tout ceçy est bien terrible et me donne un furieux dégout pour le pays que j'ay habité bien malgré moy, et bien loin de désirer d'y retourner un jour comme vous croyé, je suis persuadée que quand on le voudroit, je ne pourois pas m'y resoudre, tout ce que je voudrois par la suite c'est que l'on repara l'affront que l'on m'a fait et nestre pas deshonorée, voilà je vous assure mon unique ambition, bon soir, je ne peut pas vous en dire davante estant mourante, si vous mecrivez par la poste mandé moy simplement des nouvelles du roy sans aucunes reflections, mais je vou-

drais sçavoir comment Faquinet aura esté recuet ;
je conte sur des couriers de terns en tems, qu'est ce
que Mme de Bouflers dit de nostre triste avanture,
faite luy mes compliment, jay rencontré la Poule ;
elle mériterait bien que M. de Soissons (1) luy
donna une petite marque de bontée, je n'en deses-
pere pas, ou elle viendra peut estre du roy, cela
seroit assé plaisant; ah, mon Dieu qu'est ce que
c'est que tout cecy, je vous donne ma parole que
voilà qui est fini pour moy, il faudroit estre une
grande fôıe pour avoir envie de sy rembarquer, et
vous scavez combien peu jestois flatté et éblouit de
toutes les grandeurs et que si je m'en estois crue
je n'en serois pas la, mais cest fait, il faut prendre
son parti et ny plus songer, tacher de remettre du
calme dans notre espril, et de ne point tomber
malade (2). »

Tandis que Mme de Châteauroux revenait vers
Paris, elle était obligée de se cacher aux relais,
car le voyage se fit au milieu des malédictions de
toute une population révoltée à la vue du carrosse
honteux et détesté.

Mais, aussitôt de retour à Paris, elle fai-

(1) Fitz-James.
(2) Lettres autographes de la duchesse de Châteauroux.
Biblioth. de Rouen.

sait de nouveaux rêves et de nouveaux plans (1) :

«....Moy je croit que s'il (le roi) y alloit tout seul cela vaudroit mieux pour le débarasser de la reine, et puis pour qu'à son retour il prit son train de vie ordinaire ; je suis persuadé même que c'est là sa façon de penser et qu'actuellement il rumine à tous ses arrangements la. Je crois que la première fois qu'il verra ses aides de camps, il sera un peu embarrassé, mais il faudra tâcher de le mettre plus à son aise que faire se pourra, vous ne scavé peut-être pas la raison pour quoy M. de Soissons en a usé avec tant de douceur pour moy, c'est que c'est l'homme du monde le plus ambitieux, qui a demandé au roy la place de M. le cardinal de Rohan, et qui a sceut que je m'y estoit oposé et que j'avais beaucoup pressé le roy pour le coadjuteur, vous m'avouré que voila un saint homme et qu'il est bien démontré que c'est la religion qui la conduit, en vérité avoir été au moment de voir périr le roy, pour des intérêts particuliers, est une chose incroyable, et dont je ne reviendrai pas sitôt. Adieu, cher oncle, je mennuye beaucoup de ne vous pas voir, vous scavez combien je vous aime..... Le roy continue à s'ennuyer à Paris, je

(1) Lettre à Richelieu. Biblioth. de Rouen.

crains même que cela ne fasse trainer sa conva-
lesance, mais il ne tient qu'à luy d'y mettre ordre,
moyennant quoy il est moins à plaindre. Vous
m'aviez mandé que vous me diriez quel expédient
vous aviez trouvé pour que Lebel et Bachelier, me
rendissent conte de tout ce qui se passerait, mais,
Dieu merci, vous n'en avez rien fait, et vous me
paraissez très mal informé,... Brulé toutes mes
lettres, c'est à dire celle que je vous escrit... »

Quelques jours après, Mme de Châteauroux, craignant de ne pas rentrer en faveur auprès du roi, c'est-
à-dire de reprendre son rôle de maîtresse déclarée,
songea, afin de ne pas quitter la Cour et de ne pas
être envoyée en exil, à prendre auprès de Sa Majesté une place qui, quoique assez déshonorante,
avait été occupée sans scrupule par Mlle de Charolais, le rôle de maq..., qu'elle nomme rôle d'amie.

Elle l'écrit et l'annonce à son oncle M. le duc de
Richelieu qu'elle a entraîné dans sa disgrâce, et elle
cherche à le consoler en lui assurant : « Je vous dis
que nous nous en tirerons et j'en suis persuadée. »

C'est alors qu'elle écrit la lettre suivante :

« Ce 13 septembre, à Paris.

« Tranquilisé vous, cher oncle, il se prépare de
beaux cous pour nous, nous avons eut de rudes

momens a passé, mais ils le sont, je ne connois
pas le roy dévot, mais je le connois honneste homme
et très capable d'amitié, quelques réflections qu'il
fasse, sans me flatté je croit quelle ne seront qua
mon avantage, il est bien sure de moi, et bien
persuadé que je l'aime pour luy, et il a bien raison, car j'ay senti que je l'aimais à la folie, mais
c'est un grand point qu'il le sache, et j'espere que
sa maladie ne luy a pas oté la mémoire, jusqu'icy
personne n'a connu son cœur que moy, et je vous
répond qu'il la bon et très bon, et très capable de
sentimens, je ne vous nires pas qu'il y ait eu un
peu de singulier parmi tout cela, mais ce n'est pas
ce qui l'importe, il restera dévot, mais point cagot,
je l'aime cent fois mieux, je seré son amie, et pour
lors je seré inattaquable. Tout ce que les Faquinets
ont fait pendant sa maladie, ne fera que rendre
mon sort plus heureux et plus otable, je n'auroi plus
à craindre ni changement ni maladie ni le diable,
et nous menerons une vie délicieuse, ajouté un
peu plus de foy que vous ne faites à tout ce que
je vous dit, ce ne sont pas des rêveries, vous
veré si cela ne se réalisera pas, tout cela est fondé
sur la connaissance que jay de l'homme a qui nous
avons afaire et je vous assure que je connoit tout
les plis et replis de son âme, et qu'il y a du beau

et du bon, il ne faut pas le juger parcequ'il a fait
à vostre égard, il estoit pas encore bien à luy et
je suis persuadé que l'on luy a dit quelque chose
d'affreux, et je ne peux pas imaginer ce que c'est,
je ne suis pas encore bien convaincu que vous
n'alliez pas en Espagne, mais en tout cas je ne
crois pas qu'il en nomme un autre, il fera faire la
demande par l'évêque de Rennes, voilà mon idée,
quest ce que vous en dites, vous avez bien raison
de dire qu'il ne faut marquer avoir aucune espé-
rance de retour, c'est inutile et cela augmenteroit
la rage de ces monstres qui est déjà assez con-
sidérables, je pense comme vous sur ma lettre, il
vaut mieux attendre que de manquer son coup (1).
Monmartel est bien aussi pour cela aussi, madame
Tenein voudrait déjà qu'elle fut reçut, mais elle
sent comme nous les conséquences si elle ne l'estoit
pas bien. A dieu mon oncle, porté vous bien ; pour
moi je va songer réellement à me faire une santé
de crocheteur pour faire enrager nos ennemis le
plus longtemps que je pourrés et avoir le temps de
les perdre, et ils le serait, vous pouves en êtes

(1) Cette lettre, que Mme de Châteauroux voulait adresser au roi, mais à propos, ne lui était remise que le 10 octobre dans son passage à Saverne pour se rendre au siège
de Fribourg. — Note des Goncourt, t. I, p. 157.

sure, vous connaissé mon amitié pour vous, elle est, je vous jure, des plus tendres, faites mes compliments à messieurs de Soubise et d'Ayen, quand vous reverré du Mesnil dite luy milles chose et que je ne luy ay pas fait responce parceque je ne n'ay su ou le prendre, voilà une lettre pour monsieur Daumont que vous lui remettré bien exactement en luy faisant mes complimens. »

Mais la pauvre Mme de Châteauroux, tout en se berçant d'illusions dans sa disgrâce, ne prévoyait pas le jour où elle redeviendrait, pour peu de temps il est vrai, la maîtresse du roi.

Sans poste, sans situation définitive, elle faisait de l'assurance, prête même à prendre des airs de défi triomphant à la désespérance absolue. Elle s'endormait, et, dans un de ces moments d'anéantissements, elle disait ne plus reconnaître en elle Mme de la Tournelle, ni Mme de Châteauroux, et se sentir devenir une étrangère à elle-même (1).

Pendant cette période, on relève deux lettres de Mme de Châteauroux à son oncle, alors occupé au siège de Fribourg, qui se rendit le 1er novembre (2) :

(1) Lettre de Mme de Châteauroux publiée dans l'*Isographie*.
(2) Bibliothèque de Rouen,

« A Paris, ce 18 octobre.

« Jayme, cher oncle, le cardinal de Tencin dont je suis enchanté, il m'a montré la lettre que vous aves escrit au roy que je trouve comique et très bonne, surement elle luy aura plu, mais vous aves mal fait de lui répondre verbalement a ce qu'il vous avait demandé ; il faloit lui escrire, c'est étonnant vous ne le connoissé pas du tout et vous este surpris comme quelqu'un qui arriverait à la Cour, vous este un drole d'homme, j'ay vu et vois madame de Bouflers tous les jours dont je suis très aise ; mais ma sœur pas tant je croit, je vous charge de faire mes complimens à M. de Belle-Isle et de luy dire que si je ne luy ai pas écrit sur sa lieutenance c'est que (1)... je ne scay pas quoy, je m'en raporte à vous pour tourner cela joliment, vous senté bien que c'est que j'ai oublié de luy ecrire et que je veux que vous raccommodies ma sotise. Adieu, cher oncle, je vous aime, je vous assure on ne peut pas davantage, et suis outré d'être si longtemps sans vous voir. A propos, le petit saint vous fera des difficultés sur le changement que vous

(1) La lieutenance de M. de Belle-Isle, dont parle Mme de Châteauroux, est la lieutenance générale de Lorraine, qui lui avait été donnée par le roi de Pologne le 1er octobre 1744.

demandés pour vos états, mais tachez d'avoir gain
de cause, car il seroit ridicule que vous eussiez
quinze jours après le siège de libre sans venir à
Paris, c'est pour lors que l'on diroit que vous este
en disgrâce. Remettes cette lettre au chevalier de
Grille. »

La seconde lettre, écrite à sept jours d'intervalle,
montre que l'humeur de la duchesse de Châteauroux n'a pas varié et qu'elle continue à fortifier
son parti, grâce à Mme de Tencin:

« A Paris, ce 25 octobre.

« Voilà un mémoire, cher oncle, qui vous expli-
quera ce que l'on désire de vous pour M. du Fesy,
réellement si vous le pouves vous feré très bien,
car il est bien facheux pour luy d'avoir manques
l'affaires des postes et celle cy le dédomageroit en
quelques façons, enfin je suis chargé de vous
presser très fort pour que vous luy accordies et je
m'en acquitte. Par votre dernière lettre, je vous
vois de très méchante humeur, et je ne peux pas
dire que vous ayé tort, car tout ce qui vous est
arrivée est fort désagréable et je l'ay senti je vous
assure encore mieux que vous. Mais pourquoi ne
songerions nous pas à vous faire envoyer audevant
de la dauphine, l'on dit que la commission est encore

plus honorable que l'autre, j'en parlé hier avec le
cardinal de Tencin qui approuva mon idée, qu'en
dite vous, si vous laprouviez nous chercherions les
moyens de la faire parvenir jusqu'au roy, mais sur
toute chose nayé pas l'air d'y songer et n'en parlé
a personne, car si nous ne réussisons pas ce seroit
encore pis, je voulois vous escrire fort longuement
aujourd'hui, mais j'ay été malade comme une bête
toute la journée de ma colique. Vous n'auré qu'un
petit bonsoir, ce maudit siège me fait trembler, je
ne peut pas vous dire les inquiétudes que vous me
causé, car je regarderé comme une espèce de
miracle si il y en a un de vous qui en revienne;
vous scavé cher oncle, comme je vous aime je
vous assure que je ne suis point changé et qu'au
contraire je vous aime si cela est possible encore
davantage. »

On ne peut pas dire que l'affection de Mme de
Châteauroux pour son oncle, le duc de Richelieu,
était une affection de fraîche date, car toujours elle
sut le garder auprès d'elle et leur alliance fut in-
dissoluble tant dans la mauvaise fortune qu'au
faîte des honneurs.

Mais, en cette mauvaise époque de disgrâce,
Mme de Châteauroux soignait peut-être plus son
oncle qu'elle ne le fit à aucun moment et la raison

en est qu'il était au siège de Fribourg auprès du
roi, et qu'il pouvait par cela lui être plus utile que
qui que ce soit.

« Le courtisan se remettait à l'œuvre, écrivent
les Goncourt (1), il reprenait ses plans, et travaillait
pour la favorite, avec l'ardeur d'un homme qui
travaille pour sa fortune : ne voyait-il pas dans le
ointain, au bout de ses efforts, derrière le retour de
Mme de Châteauroux, ce triomphe personnel de
son ambition, cette superbe récompense de son
zèle, le rétablissement en sa faveur de la dignité
de connétable de France ? »

C'est alors que, s'alliant le cardinal de Tencin
et le maréchal de Noailles, qui tâtèrent le roi, il
adressa à celui-ci un mémoire sur sa maladie à
Metz, mémoire où il sut habilement insinuer les
sentiments d'égoïsme, les vues ambitieuses, et le
désir presque de la mort du roi, et, par cela même,
il réussit à détacher à nouveau le roi de la
reine.

Louis XV, dévoré par les regrets et le souvenir de Mme de Châteauroux, souvenir cuisant,
Louis XV, ennuyé et taciturne, alla faire un court
séjour en Lorraine auprès de son beau-père. Mais

____

(1) *Les Maîtresses de Louis XV*, t. I, p. 162.

ni les fêtes, ni les plaisirs, on peut dire ni la gloire, ni la guerre, ne l'arrachaient à l'ennui.

Aussi, dès que la capitulation de Fribourg fut signée, c'est-à-dire le 8 novembre, le roi repartit « en toute hâte pour Paris. Il y courait chercher non point l'applaudissement et le triomphe, mais le pardon de sa maîtresse ».

Mme de Châteauroux, prévenue par son oncle, et soudain rendue plus « osée dans les insolences de son orgueil par la certitude de tout obtenir », Mme de Châteauroux ne voulait plus revenir à la Cour qu'avec les sûretés les plus grandes tant au point de vue de sa situation à la Cour qu'au point de vue de sa situation pécuniaire.

Elle habitait alors rue du Bac. Le roi vint la voir pour la première fois et implorer son pardon, dans la nuit du vendredi au samedi 14 novembre. Il avait quitté les Tuileries secrètement, et, en l'apercevant chez elle, Mme de Châteauroux commença par se trouver mal; et le roi, qui s'empressait auprès d'elle, n'en tirait jamais que cette phrase : « Comme ils nous ont traités (1). »

Mais la duchesse, alors, tenait ses ennemis à sa merci. Elle se montra alors méchante et violente.

____

(1) Fragment des Mémoires de la duchesse de Brancas Lettres de Lauraguais.

Comme le roi la suppliait humblement de venir avec lui à Versailles, elle ne consentit à s'y rendre qu'incognito, demandant pour son retour officiel que tous ses ennemis lui fussent sacrifiés, et surtout les Maurepas.

Le lendemain même, après avoir dit à ses gens, au sujet de l'espionnage de son mortel ennemi : « Bientôt il ne m'importera plus... » (1), elle se rendait à Versailles cachée dans une de ces voitures publiques appelées « pots de chambre ».

Cependant, elle refusait de reprendre son appartement et ses emplois à la Cour, répondant froidement aux sollicitations du roi que, « satisfaite de ne pas aller pourrir dans une prison par ses ordres, et contente d'avoir la liberté et les plaisirs d'une vie privée, *il en coûterait trop de têtes à la France, si elle revenait à sa Cour* »...

Le roi se refusa au sang, mais lui abandonna de bon cœur le duc de Châtillon, gouverneur du Dauphin, le duc de Bouillon, La Rochefoucauld, Balleroy, Fitz-James, Perusseau, qui, tous, furent envoyés en exil ou punis par la disgrâce.

Mais, ce qu'elle voulait par-dessus tout, c'était renvoyer Maurepas. Le roi ne voulait pas sacrifier

____

(1) GONCOURT, *les Maîtresses de Louis XV.*

son ministre et luttait tant et si bien qu'il fut convenu qu'elle l'humilierait et selon son bon plaisir, mais qu'il resterait en place.

« Le lendemain, au sortir du conseil, le roi appelait Maurepas, lui communiquait des instructions de vive voix, et lui mandait d'aller chez Mme de Châteauroux pour lui faire satisfaction de sa part, et la rappeler à Versailles. Maurepas, que la commission ne prenait point au dépourvu, demandait au roi d'écrire sous ses yeux le discours qu'il devait tenir : « Le voilà tout écrit, » lui disait le roi, et il lui remettait la formule que Richelieu avait envoyée d'avance à Mme de Châteauroux. Maurepas quittait Versailles à midi ; à quatre heures, l'heure indiquée par le roi, il se présentait chez Mme de Châteauroux. Le suisse, prévenu, répondait que Madame n'y était pas. Maurepas demandait Mme de Lauraguais, le suisse faisait la même réponse. Maurepas s'annonçait comme venant de la part du roi : il entrait.

« Mme de Châteauroux était au lit, enrhumée, avec la fièvre. Il y eut d'abord un silence, où Mme de Châteauroux considéra Maurepas sans un salut, sans une parole, et donna aux ressentiments de sa vanité de femme le spectacle et la pâture de l'embarras du ministre. Promptement remis, Maurepas lui donnait la lettre du roi, et lui adressait ces paroles : « Madame, le roi m'envoie « vous dire qu'il n'a aucune connaissance de ce qui « s'est passé à votre égard, pendant sa maladie à « Metz. Il a toujours eu pour vous la même estime, « la même considération. Il vous prie de revenir à « la Cour reprendre votre place, et Mme de Laura- « guais la même. » Mme de Châteauroux répondait :

« J'ai toujours été persuadée, monsieur, que le « roi n'avait aucune part à ce qui s'est passé à mon « sujet. Aussi, je n'ai jamais cessé d'avoir pour Sa « Majesté le même respect et le même attachement. « Je suis fâchée de n'être pas en état d'aller, dès « demain, remercier le roi; mais j'irai samedi pro- « chain, car je serai guérie. »

Et Maurepas s'empressa de s'excuser et descendit jusqu'à lui baiser la main (1).

Mais ce triomphe devait être le dernier, la mort la guettait.

(1) On prétend que la favorite dit simplement à Maurepas: « Donnez moi les lettres du roi et allez-vous-en. » *Fragment des Mémoires de la duchesse de Brancas. Lettres de Lauraguais.*

CHAPITRE X

Nous ne pouvons terminer ces notes sur le rôle joué à la Cour par Mlle de Charolais sans parler des relations qu'elle entretenait avec Mme la marquise de Pompadour.

Ce ne fut pas elle qui fit connaître Mme Poisson à Louis XV. Là, son maq... est en défaut. Si elle ne reçut pas la séduisante marquise dans sa petite maison de Madrid, elle continua à jouer auprès du roi un rôle que la marquise connaissait, mais qu'en femme bien avisée ne voulait pas voir.

Qui donc la première avait remarqué la jeune Jeanne-Antoinette Poisson, si ce n'est Mme de Mailly elle-même ? On raconte qu'un soir, chez Mme d'Angervilliers, on la pria de jouer du clavecin; « l'auditoire était composé de gens distingués, délicats et difficiles ; un jeu ordinaire n'eût excité que des applaudissements de commande. Le sien fut si parfait qu'il excita un véritable enthousiasme, et que l'une des dames se jeta dans ses bras en versant des larmes ; c'était Mme de Mailly, qui était alors aimée par Louis XV (1). »

Mais, le 4 mars 1741, après mille difficultés, parce que son père s'opposait à donner son consentement, M. le Normand d'Étioles épousait la jeune musicienne, par contrat, devant le notaire Perrot, et, le 9 du même mois, le mariage était célébré à l'église Saint-Eustache, à Paris (2).

Aussitôt mariée, et entrée dans le monde des financiers, c'est-à-dire dans une société où venaient M. de Richelieu, M. de Nivernois et le duc de Duras, attirés, dit-on, par le bruit de ses talents et de sa beauté (3), Mme d'Étioles ne songea plus qu'à rendre vraie la prédiction de Mme Lebon.

(1) CAMPARDON, *Madame de Pompadour et la cour de Louis XV*, p. 5. Voir aussi : *Curiosités Historiques* par J.-A. LE ROI, 222 : « Pension de 600 livres faite à Mme Lebon, pour avoir prédit à Mme de Pompadour qu'elle serait un jour maîtresse de Louis XV. » — *Les Maîtresses de Louis XV*, par MM. DE GONCOURT, I, p. 192. — *Madame de Pompadour*, par M. ALBERT DE LA FIZELIÈRE (*Gazette des Beaux-Arts*, année 1859).

(2) Arch. de la Ville de Paris. *Causeries du Lundi*, SAINTE-BEUVE, t. II, p. 511.

(3) LAUJON, *Essai sur les spectacles des petits cabinets*, à la suite des Mémoires de Mme du Hausset.

Chaque fois que le roi, étant à Choisy, allait chasser dans la forêt de Sénart, il rencontrait la jeune femme coquettement habillée de bleu ou de rose, ce qui finit, comme elle s'y attendait, par intriguer Sa Majesté (1).

Le roi était alors fort occupé de Mme de Châteauroux, qui, jalouse de l'attention que la Cour commençait à porter à la petite d'Étioles, lui fit défense d'assister désormais aux chasses du roi.

Mais, après la mort de Mme de la Tournelle (8 décembre 1744), et quoique le roi eût rappelé auprès de lui Mme de Châteauroux, Mme d'Étioles recommença ses intrigues et cette fois, alors, sous l'habile direction de Mme de Tencin. Il s'agissait de faire obstacle à Mmes de la Popelinière et de Dolhchenart, qui cherchaient à occuper la place, et, pour cela, Mme de Tencin comptait sur Binet, valet de chambre du roi, son parent.

La suprême rencontre eut lieu à un bal masqué et ensuite commencèrent les rendez-vous, tant à Versailles que rue Croix-des-Petits-Champs, sous la direction de Binet. Cependant, Mme d'Étioles ne vint s'installer à Versailles que vers le milieu d'avril 1745, dans l'appartement de Mme de Mailly,

____

(1) *Mémoires historiques et anecdotiques... pendant les faveurs de Madame de Pompadour*, p. 9.

et le roi y vint souper en compagnie de la duchesse de Lauraguais, la marquise de Bellefonds,
des ducs d'Ayen, de Richelieu et de Boufflers (1).

Mais, tandis que la marquise va venir à la Cour
dépenser sans compter, acheter des maisons de
campagne, des terres, des hôtels, faire renvoyer
Maurepas, diriger la politique de France et distribuer à son gré les grâces et les honneurs, le roi,
bientôt las de Mme de Pompadour et n'ayant plus
avec elle que des attaches immatérielles, cherchait
de nouvelles maîtresses, plus jeunes et plus affrio-
lantes, achetait des petites maisons à Versailles
et créait ce que l'on a appelé le Parc-aux-Cerfs.

« La position de Mme de Pompadour exigeait
non seulement une vigilance soutenue, mais une
abjection méprisable. Elle écartait sans relâche des
petits soupers du roi toutes les femmes de qualité
qui faisaient sur lui une vive sensation, et même
quelquefois l'exil frappait celles qui montraient
trop l'intention de lui plaire. Devenue surintendante des plaisirs du roi, elle fit chercher dans le
royaume des beautés connues et inconnues, propres à renouveler continuellement le sérail qu'elle
gouvernait à son gré. Elle fut l'origine du Parc-

(1) *Journal de Barbier*, t. IV, p. 82.

aux-Cerfs, gouffre de l'innocence et de l'ingénuité, où venait s'engloutir la foule des victimes, qui, rendues ensuite à la société, y rapportaient la corruption, le goût de la débauche et tous les vices dont elles s'infectaient nécessairement dans le commerce des infâmes agents d'un pareil lieu.

« Indépendamment du tort qu'a fait aux mœurs cette abominable institution, il est effrayant de calculer l'argent immense qu'elle a coûté à l'État. En effet, qui pourrait additionner les frais de cette chaîne d'entreteneurs de toute espèce, en chef et en sous-ordres, s'agitant pour découvrir et aller réclamer jusqu'aux extrémités du royaume les objets de leurs recherches pour les amener à leur destination, les décrasser, les habiller, les parfumer, leur procurer tous les moyens de séduction que l'art peut ajouter ? Qu'on y joigne les sommes accordées à celles qui, n'ayant pas le bonheur d'irriter les sens engourdis du sultan, ne devaient pas moins être dédommagées de leur servitude, de leur discrétion et surtout de ses mépris ; les récompenses dues aux nymphes les plus fortunées, enfin, les engagements sacrés envers les sultanes portant dans les flancs le fruit précieux de leur fécondité, et l'on jugera qu'il n'en est aucune, l'une portant l'autre, qui n'ait été une charge d'un million au moins pour le fisc public. Qu'il en ait passé seulement deux par semaine, c'est-à-dire mille en dix ans, par cette étrange piscine, et l'on trouvera un capital d'un milliard (1). »

Le Parc-aux-Cerfs, en vérité, cela sera la Muette, cela sera Choisy, le Petit Madrid, toutes les maisons où le roi se rendait avec ses maîtresses, qu'en son argot le roi avait surnommés « des cerfs ».

A Versailles, le Parc-aux-Cerfs est au quartier Saint-Louis. C'est là qu'autrefois étaient élevés les cerfs qui servaient aux chasses royales. A la fin du dix-huitième siècle, « le bon bourgeois, propriétaire de cet endroit de la ville, qu'il eût pignon sur rue ou mansarde, disait toujours : « J'ai « maison au Parc-aux-Cerfs. » — « Je vais au Parc-aux-Cerfs », s'écriait le maître à danser, courant enseigner à M. Jourdain à faire le sot en mesure. »

« Quand Louis XIV eut décidé de faire un nouveau quartier dans l'ancien Parc-aux-Cerfs (2), les terrains furent donnés en propriété à divers particuliers, et surtout aux personnes appartenant à la maison du roi. C'est ainsi que le roi fit don de

(1) *Vie privée de Louis XV*, t. III, p. 16.
(2) *Histoire anecdotique des rues de Versailles*, 2 vol. in-8, M. Le Roi, B. N., L. K, 710.284.

l'emplacement occupé par les numéros 2 et 4 de la rue Saint-Médério à Jacques Desnoues, maître d'hôtel et l'un de ses valets de chambre. Le 18 juin 1712, Desnoues vend à J.-B. Piget, écuyer de la Maisonfort, le jardin et la maison qu'il y avait fait construire. Le 27 septembre 1718, nouvelle vente de cette propriété faite par J.-B. Piget au profit de Jean-Michel Crémer, bourgeois de Versailles. A cette époque, le jardin n'était point enclos de murs; en 1734, Crémer fait construire les murs du côté de la rue des Tournelles, et, du côté de sa maison, il en élève un autre qui ferme la rue Saint-Médério, il en fait une impasse (1).

« Crémer meurt en 1740. Par suite, la propriété est partagée en deux; la maison et la moitié du jardin échoient en partage à Jean-Michel-Denis Crémer, son fils, et l'autre moitié appartient à la veuve Crémer. Elle fait, à son tour, bâtir sur sa

(1) M. Le Roi aurait bien dû expliquer qu'une autre portion du mur fermait également la rue des Tournelles et en faisait une seconde impasse. Ainsi les jardins de Crémer avaient portes au fond de deux impasses. Cette disposition favorisait singulièrement les entrées fortuites et les évasions précipitées. Aujourd'hui, on a rapetissé les jardins de ces deux rues qui se touchent à angle droit à leurs extrémités. Voyez, à la Biblioth. Nat., Estampes, *Topogr. de Versailles*, vol. Va. 58 in-fol., in-fine, un plan à côté du Parc-aux-Cerfs, où les portes des deux impasses sont parfaitement marquées.

portion une maison à peu près semblable à l'autre, formant aujourd'hui le n° 2 de la rue Saint-Médéric et qui, alors, se trouvait la dernière maison de l'impasse. »

Tel est l'état des lieux en 1755, lorsque les honteux agents du roi lui cherchèrent une petite maison. On s'arrêta à la partie qui échut au fils Crémer. On chargea un tiers inconnu de conclure l'affaire, et ce tiers fut un huissier au Châtelet de Paris, nommé Vallet, selon la déclaration suivante :

« Aujourd'hui est comparu devant les conseillers du roi, notaires au Châtelet de Paris, soussignés, sieur François Vallet, huissier-priseur audit Châtelet de Paris, y demeurant, rue des Déchargeurs, paroisse Saint-Germain-l'Auxerrois, lequel a déclaré ne rien avoir ni prétendre en l'acquisition, qui vient d'être faite sous son nom de Jean-Michel-Denis Crémer et sa femme, d'une maison située à Versailles rue Saint-Médéric, paroisse Saint-Louis, avec ses dépendances, par contrat passé devant les notaires soussignés, dont M^{tre} Patu, l'un d'eux, a la minute, cejourd'hui; mais que cette acquisition *est pour et au profit du roi, le prix en ayant été payé des deniers de Sa Majesté à lui fournis à cet effet*; c'est pourquoi il fait cette déclaration, consentant que Sa Majesté jouisse, fasse et dispose de ladite maison en toute propriété sans que le payement qui sera fait sous le nom du comparant des droits de lods et ventes, et centième devoir, le décret volontaire qui sera fait et adjugé, et la jouissance et perception des loyers, qui poura être faite aussi sous son nom, puisse affaiblir la propriété acquise à Sa Majesté de ladite maison et dépendances, déclarant que l'expédition dudit contrat d'acquisition et les titres énoncés en icelui ont été par lui remis entre les mains du chargé des ordres de Sa Majesté, ce qui a été accepté pour Sa Majesté par le notaire soussigné, etc.

« Fait et passé à Paris, l'an 1755, le 25 novembre,

« et a signé : Vallet, Patu, Brochant. »

C'est donc bien là que, de 1755 à 1771, furent successivement installées les jeunes filles que les infâmes fournisseurs du roi offraient aux sens blasés de Louis XV.

Cette maison fut vendue par le roi le 27 mai 1771 à J.-B. Sévin, huissier de la chambre de Mme Victoire de France et commis principal de l'un des bureaux de la guerre.

Il y a, dans la *Vie privée de Louis XV*, de bien

grandes exagérations, cependant. Quelques lignes confidentielles de Mme du Hausset nous paraissent assez précieuses pour être recueillies :

« Madame a recherché à couvrir quelques faiblesses du roi, et n'a jamais connu aucune des sultanes de ce sérail. *Il y en avait, au reste, que deux en général et très souvent une seule.* Lorsqu'elles se mariaient, on leur donnait des bijoux et une centaine de mille francs. Quelquefois, le Parc-aux-Cerfs était vacant cinq à six mois de suite. »

La même personne nous donne une anecdote au sujet du Parc-aux-Cerfs : « Je vais faire mention d'une singulière aventure, qui n'est sue que de six ou sept personnes, maîtres ou valets. »

Il faut dire que Louis XV passait, aux yeux des femmes qu'il faisait amener rue Saint-Médéric, pour un grand seigneur polonais, parent de la reine, et logeant au château; et cela parce que le roi souvent n'avait pas le temps d'ôter son cordon bleu quand il ordonnait qu'on lui amenât une de ces favorites.

« Dans le temps de l'assassinat du roi, une jeune fille, qu'il avait vue plusieurs fois et à qui il avait marqué plus de tendresse qu'à une autre, se désespérait de cet affreux événement. La mère abbesse, car on peut appeler ainsi celle qui avait

l'intendance, du Parc-aux-Cerfs, s'aperçut de la
douleur extraordinaire qu'elle témoignait, et fit si
bien qu'elle lui fit avouer que le seigneur polonais
était le roi de France. Elle avoua même qu'elle
avait fouillé dans ses poches, et qu'elle en avait
tiré deux lettres dont l'une était du roi d'Espagne
et l'autre de l'abbé de Broglie. C'est ce que l'on a
su depuis, car ni elle ni l'abbesse ne savaient le
nom. La jeune fille fut grondée et l'on appela
M. Lebel, premier valet de chambre qui ordonnait
de tout, et qui prit les lettres et les porta au roi,
qui fut fort embarrassé pour revoir une personne
si bien instruite. Celle dont je parle s'étant aperçue
que le roi venait voir sa camarade secrètement,
tandis qu'elle était délaissée, guetta l'arrivée du
roi et, au moment où il entrait, précédé de l'abbesse qui devait se retirer, elle entra précipitamment
et furieuse dans la chambre de sa rivale. Elle se
jeta aussitôt aux genoux du roi : « Oui, vous êtes
le roi de tout le royaume, criait-elle ; mais ce ne
serait rien pour moi, si vous ne l'étiez pas de
mon cœur ; ne m'abandonnez pas, mon cher sire,
j'ai pensé devenir folle quand on a manqué de
vous tuer. » L'abbesse criait : « Vous l'êtes encore ! » Le roi l'embrassa et cela pour la calmer.
On parvint à la faire sortir, et, quelques jours

après, on conduisit cette malheureuse dans une pension de folles, où elle fut traitée comme telle pendant quelques jours. Mais elle savait bien qu'elle ne l'était pas, et que le roi avait été véritablement son amant. Ce lamentable accident m'a été raconté par l'abbesse. »

L'abbesse, comme dit Mme du Hausset, était une Mme Bertrand, qui était assistée dans ses offices par Guimard, garçon du château. Elle était, à l'ordinaire, femme de charge de M. Lebel, premier valet de chambre du roi, qui l'appelait Dominique, et elle était son confidentissime. Au Parc-aux-Cerfs, Lebel s'appelait Durand.

Lorsque le roi avait des enfants de ses favorites du Parc-aux-Cerfs, il leur donnait 10 à 12.000 livres de rentes. Ils héritaient les uns des autres à mesure qu'il en mourait.

Au château, le roi avait « deux petites chambres du côté de la chapelle, où il faisait venir ses favorites quand il n'allait pas à sa petite maison ». Il s'y rendait « de son appartement, sans être vu que d'une sentinelle qui avait ses ordres et qui ne savait pas qui passait par cet endroit (1) ».

Mille raisons disent que Mlle de Charolais

_____

(1) Mme du Hausset.

s'occupa du Parc-aux-Cerfs; mais les documents ont été si bien détruits, qu'il nous est difficile d'en donner des preuves irréfutables. Nous nous contentons donc de présomptions.

Quelque bien prises que fussent les précautions de Mme de Pompadour et quelque rigoureux que fût son espionnage, elle n'empêcha pas que le roi n'eût de temps en temps, durant les quarts d'heure de répit du Parc-aux-Cerfs, des aventures avec des dames de Paris et de la Cour. Néanmoins, elle avait ruses toutes prêtes pour imposer silence aux rivales sérieuses qui se seraient présentées. Un jour, le roi commence une intrigue avec Mme de Coislin, et celle-ci veut d'assaut emporter la place occupée par la marquise. Sur-le-champ, Lebel reçoit l'ordre d'amener au château la plus jolie grisette qu'il pourra trouver : elle arrive, se montre, et Mme de Coislin est oubliée (1).

Au sujet des enfants que le roi eut des favorites du Parc-aux-Cerfs, Mme du Hausset raconte un fait auquel elle eut un rôle :

« Madame me fit appeler un jour et entra dans son cabinet où était le roi, qui se promenait d'un air sérieux. « Il faut, me dit-elle, que vous alliez

____

(1) Mme du Hausset.

passer quelques jours à l'avenue de Saint-Cloud, dans une maison où je vous ferai conduire; vous trouverez là une jeune personne prête à accoucher. » Le roi ne disait rien, et j'étais muette d'étonnement. « Vous serez maîtresse de la maison, et présiderez, comme une déesse de la fable, à l'accouchement. On a besoin de vous pour que tout se passe suivant la volonté du roi, et secrètement. Vous assisterez au baptême et indiquerez les noms du père et de la mère. » Le roi se mit à rire et dit : « Le père est très honnête homme. » Madame ajouta : «... aimé de tout le monde, et adoré de tous ceux qui le connaissent. Madame s'élança vers une petite armoire, et en retira une petite boîte qu'elle ouvrit. Elle en sortit une aigrette de diamants, en disant au roi : « Je n'ai pas voulu, et pour cause, qu'elle fût plus belle. Elle l'est encore trop ! » Et il embrassa Madame en disant : « Que vous êtes bonne ! » Elle pleura d'attendrissement, et mettant la main sur le cœur du roi : « C'est là que j'en veux», dit-elle. Les larmes vinrent aux yeux du roi, et je me mis aussi à pleurer sans trop savoir pourquoi. En-suite, il me dit : « Guimard vous verra tous les jours pour vous aider et vous conseiller, et, au *grand moment*, vous le ferez avertir de se rendre auprès de vous. Mais nous ne parlons pas du

parrain et de la marraine ; vous les annoncerez
comme devant arriver, et, un moment après, vous
aurez l'air de recevoir une lettre qui vous ap-
prendra qu'ils ne peuvent venir. Alors, vous ferez
semblant d'être embarrassée, et Guimard dira : Il
n'y a qu'à prendre les premiers venus ; et vous
prendrez la servante de la maison, et un pauvre ou
un porteur de chaises, et ne leur donnerez que
douze francs pour ne pas attirer l'attention. Un
bain, ajouta Madame, pour ne pas faire d'effet dans
un autre sens... » « Guimard, dit le roi, vous dira les
noms du père et de la mère. Il assistera à la cérémonie qui doit être le soir, donnera les dragées :
il est bien juste que vous ayez les vôtres. » Et il
tira cinquante louis qu'il me remit de cette mine
gracieuse qu'il savait prendre dans l'occasion, et
que n'avait personne autre que lui dans son
royaume. Je lui baisai la main en pleurant. « Vous
aurez soin de l'accouchée, n'est-ce pas ? C'est
une très bonne enfant qui n'a pas inventé la poudre
et je m'en fie à vous pour la discrétion ; mon chancelier vous dira le reste, dit-il en se retournant
vers Madame. » Et il sortit. « Eh bien ! comment
trouvez-vous mon rôle ? dit-elle. — D'une femme
supérieure et d'une excellente amie », lui dis-je. Je
demandai à Madame si la jeune personne savait

que le roi était le père. « Je ne le crois pas, dit-elle ; mais, comme il a paru aimer celle-ci, on a craint qu'on ne soit trop empressé de le lui apprendre...» Madame me dit : « Tenez compagnie à l'accouchée pour empêcher qu'aucun étranger ne lui parle, pas même les gens de la maison. Vous direz toujours que c'est un seigneur polonais fort riche, et qui se cache à cause de la reine, sa parente, qui est fort dévote. Vous trouverez dans la maison une nourrice à qui l'enfant sera remis, et tout le reste regarde Guimard. Vous irez à l'église comme témoin ; et il faudra faire les choses comme le ferait un bon bourgeois. On croit que la demoiselle accouchera dans cinq ou six jours ; vous dînerez avec elle, et ne la quitterez pas jusqu'au moment où elle sera en état de retourner au Parc-aux-Cerfs, ce qui, je suppose, sera dans une quinzaine de jours, sans qu'elle coure aucun risque. »

« Je me rendis, le soir même, à l'avenue de Saint-Cloud, où je trouvai l'abbesse et Guimard, garçon du château, mais sans son habit bleu. Il y avait, de plus, une garde, une nourrice, deux vieux domestiques et une fille moitié servante, moitié femme de chambre. La jeune fille était de la plus jolie figure, mise fort élégamment, mais sans rien de trop marquant. Je soupai avec elle et avec l'abbesse, qui s'appelait Mme Bertrand. J'avais remis l'aigrette de Madame avant le souper, ce qui avait causé la plus grande joie à la demoiselle, et elle fut fort gaie. La demoiselle causa avec nous après souper, et me parut fort naïve. Le lendemain, j'eus une conversation particulière et elle me dit : « Comment se porte M. le comte ? » (C'était le roi qu'elle appelait ainsi.) Il sera bien fâché de n'être pas auprès de moi, me dit-elle, mais il a été obligé de faire un assez long voyage. » Je fus de son avis. C'est un bien bel homme, me dit-elle, et il m'aime de tout son cœur; il m'a promis des rentés, mais je l'aime sans intérêt, et, s'il voulait, je le suivrais dans sa Pologne. » Elle me parla, ensuite, de ses parents et de M. Lebel, qu'elle connaissait sous le nom de Durand. « Ma mère était une grosse épicière-droguiste, et mon père n'était pas un homme de rien, ajouta-t-elle : il était des six corps, et c'est, comme tout le monde le sait, ce qu'il y a de mieux; enfin, il avait pensé deux fois être échevin. Sa mère avait, après la mort de son père, essuyé des banqueroutes; mais M. le comte était venu à son secours, et lui avait donné un contrat de 1.500 livres de rentes et 6.000 francs d'argent comptant. » Six jours après, elle accoucha et on lui dit,

suivant mes instructions, que c'était une fille, quoique ce fût un garçon, et, bientôt après, on devait lui
dire que son enfant était mort, pour qu'il ne restât
aucune trace de son existence pendant un certain
temps; ensuite, on le remettrait à la mère... Je
revins trouver Madame, à qui j'avais écrit tous les
jours par Guimard. Le lendemain, le roi me fit
dire d'entrer; il ne me dit pas une parole sur ce
que j'avais fait, mais me remit une tabatière d'or
fort grande, où étaient deux rouleaux de 25 louis
chaque. Je lui fis ma révérence et m'en allai.
Madame me fit beaucoup de questions sur la demoiselle, et riait beaucoup de ses naïvetés et de
tout ce qu'elle m'avait dit du seigneur polonais. « Il
est dégoûté de la princesse, et je crois qu'il partira
dans deux mois pour toujours pour sa Pologne. »
« Et la demoiselle ? » lui dis-je. « On la mariera, me
dit-elle, en province, avec une dot de 40.000 écus
au plus et quelques diamants. » Cette petite aventure, qui me mettait dans la confidence du roi,
loin de me procurer plus de marques de bonté de
sa part, sembla le refroidir pour moi, parce qu'il
était honteux que je fusse instruite de ses amours
obscures. Il était aussi embarrassé des services
que lui rendait Madame. »

En somme, on ne doit voir dans le Parc-aux-

Cerfs qu'un lieu de débauche fort secret, partant peu dispendieux, sans recherche, ni luxe, où le roi n'entretenait qu'une ou deux créatures, ce qui met en défaut les descriptions et les libelles qui représentaient cet endroit choisi comme un lupanar où l'on entretenait des créatures de tout âge et où se passaient les pires orgies.

APPENDICES

MÉMOIRES DU DUC DE LUYNES

Mars 1737. Luynes. **T. I, p. 19.**

Hier, lundi gras, le roi revint de la Muette, où il avait soupé et couché la veille.

6 août 1737.

Le roi fut tirer hier dans la plaine Saint-Denis ; il tua 120 pièces de gibier, et il en eut en tout plus de 900 de tuées, le roi ayant permis à tous ceux qui avaient l'honneur de le suivre de tirer. Sa Majesté avait été, ces jours passés, tirer dans la plaine de Grenelle et de Montrouge, où il avait donné la même permission. Il fut, après la chasse, songer à la Muette, revint ici à minuit...

1er décembre 1738. **T. II, p. 284.**

Le roi a avancé d'un jour le conseil des Finances et l'a tenu ce matin à 8 heures et demie ; il est parti ensuite pour aller courre à Saint-Germain, d'où il va à la

Muette. Mademoiselle va à Madrid avec Mlle de Clermont, Mme de Beuvron, Mme de Mailly, Mme la maréchale d'Estrées et Mme la duchesse d'Antin. Sa Majesté doit demain courre le daim dans le Bois de Boulogne avec le nouvel équipage dont j'ai parlé et revenir ici mercredi... On croit qu'il s'en retournera le même jour à la Muette et qu'il y restera jusqu'à vendredi.

Au samedi 6 décembre 1738, T. II, p. 285.

Le voyage de la Muette a été tel qu'il est marqué ci-dessus. Les deux princesses étaient en calèche avec Mme de Beuvron et Mme de Mailly. Mme la maréchale d'Estrées et Mme d'Antin étaient dans un vis-à-vis. Les dames soupèrent avec le roi le lundi et le mardi; après souper, cavagnole et ensuite papillon. Le mercredi, le le roi partit de la Muette...

Dimanche 7 décembre 1738. T. II, p. 287.

Le roi monta dans ses carrosses, et alla souper à Madrid chez Mademoiselle; elle y était dès la veille avec Mme de Clermont et Mlle de la Roche-sur-Yon. Les dames sont Mme de Mailly, Mme de Beuvron et Mme la duchesse d'Estrées. Il y a aujourd'hui, dans le Bois de Boulogne, une grande chasse de daim, à laquelle ces dames vont en calèches.

Du samedi 13.

Le roi après avoir dîné à la Muette avec des hommes, revint ici sur les 6 heures.

Vendredi 26 décembre 1738. T. II, p. 295.

Le roi devait aller à la Muette lundi, pour n'en revenir que mercredi; cet arrangement a été changé aujourd'hui; on n'en dit point la raison.

7 *janvier* 1739 *mercredi.* T. II, p. 313.

Le roi est parti aujourd'hui pour aller à la Muette. Il y avait 46 personnes qui se présentaient ; Sa Majesté n'en a mené que 22, dont il y a même quelques-unes à qui il permet d'aller dans leur chaise, et quelques autres qui viennent de Paris, comme, par exemple, M. du Bordage. Mademoiselle est allée à Madrid avec Mlle de Clermont ; Mme la duchesse d'Antin et Mme, Mlle d'Estrées doivent y aller aussi. Je ne sais point encore les deux autres. Mme de Chalais et Mme de Mailly ne sont point de ce voyage.

16 *avril, jeudi.* T. II, p. 408.

Le roi partit hier pour la chasse, et de là est allé, sans revenir ici, souper et coucher à la Muette, où il doit rester jusqu'à vendredi. Mademoiselle alla aussi à Madrid avec Mlle de Clermont, Mme la duchesse d'Estrées, Mme de Mailly, Mme de Talleyrand et Mme de Beuvron.

18 *avril, samedi.*

Le roi, revint hier au soir, de la Muette. Mercredi et jeudi, il soupa avec les six dames que j'ai nommées cidessus. Il courut jeudi le daim dans le Bois de Boulogne ; les dames y furent, hors Mademoiselle et Mme la marquise d'Estrées. Il y eut cavagnole les deux soirées, il y eut aussi un gros jeu de portique (1)

(1) Ce jeu, mentionné pour la première fois par Dangeau le 10 février 1689 comme un jeu nouveau, se composait d'une série de petites arcades formant portique et posées sur une table analogue à celle du billard, mais arrondie aux deux extrémités. Une bille d'ivoire, jetée sur le bord de la table, en faisait le tour par l'un des portiques et s'arrêtait dans des cases numérotées dont le chiffre ou la couleur décidaient du gain ou de la perte.

où M. de La Trémoïlle a perdu 1.200 louis ; mais le roi n'y joua point.

Hier, Sa Majesté dîna à la Muette et arriva ici à 6 heures ; les dames n'étaient point à ce dîner.

27 avril 1739. T. II, p. 417.

Le roi est parti ce matin pour la chasse, d'où il va à la Muette. Mademoiselle va à Madrid avec Mlle de Clermont, Mlle de..., Mme d'Estrées, Mme de Talleyrand, Mme de Mailly et Mme de...

Demain et après-demain, le roi soupera avec les dames ; mercredi, il dînera avec les hommes seulement ; après le dîner, il fera la revue des gardes-françaises et suisses et reviendra ici.

29 avril. T. II, p. 418.
Revue aux Sablons.

Jeudi 21 mai 1739.

Le roi partit de bonne heure pour aller à la chasse à 6 ou 7 lieues d'ici et aller ensuite souper à la Muette ; il n'a dû se mettre à table qu'à minuit. Mademoiselle partit l'après-dînée pour aller à Madrid, où il doit y avoir Mlle de Clermont, Mailly, Antin, Estrées, de Ségur. Il y aura un cavagnole avant et après souper.

Vendredi 22.

Le roi arriva avant-hier à la Muette à 8 heures et demie ; il se mit à table à minuit, entendit la messe à 5 heures, avant que de se coucher ; il se trouva un peu mal à la messe et fut obligé de sortir de la chapelle ; mais cette petite incommodité n'a point eu de suite, et il courut hier le daim dans Boulogne.

7 juin 1739. T. II, p. 445.

Le 7, le roi partit de Versailles pour aller à la Muette, où il a séjourné le lundi, et est arrivé le lendemain sur les 6 heures ici. Mademoiselle fut souper à la Muette avec Mmes d'Antin, d'Estrées, de Mailly, Nesle sa sœur. C'est la première fois qu'elle avait soupé avec le roi. Elle avait déjà vu le roi chez Mme la comtesse de Toulouse et chez Mademoiselle, mais elle ne lui a pas été présentée. (Chantilly.)

Mardi 11 août 1739. T. III, p. 5.

Le roi fut chasser samedi dans la plaine de Grenelle, où il tua environ 250 pièces de gibier; il en fut tué en tout près de 1.500. Le roi partit hier pour la Muette; il tire dans la plaine Saint-Denis et revient après-demain après avoir courre le cerf. Le même arrangement qu'à l'ordinaire; Mademoiselle à Madrid et soupant les deux jours à la Muette. Les dames sont Clermont, Mailly, Nesles, Estrées, de Ségur.

Du 23 décembre 1739.

Il paraît certain que le roi ira dimanche à la Muette pour jusqu'à mardi ou mercredi.

Du dimanche 27 décembre 1739.

Les médecins auraient fort désiré qu'il n'allât pas aujourd'hui à la Muette, mais son arrangement était fait. Seulement il s'est levé tard; il a été entendre la messe à la chapelle, et a pris le parti de ne point aller au salut, dans la crainte, apparemment, de s'y trouver mal. On a été un peu étonné du voyage de la Muette, parce que Mme de Mailly est de semaine; et je crois qu'elle aurait fort désiré que le roi ne sortît point d'ici, puisqu'elle ne peut en sortir elle-même.

Du mardi 29 décembre 1739.

Les dames de Madrid et, par conséquent, de la Muette sont : Mademoiselle, Mme de Vintimille, d'Antin, de Saint-Germain, de Talleyrand et la maréchale d'Estrées. Mme de Mailly, qui avait joué à cavagnole, dès que la reine fut descendue en bas, monta dans une chaise de poste du roi, qui l'attendait avec un relais, et alla souper à la Muette, où le roi fut fort gai. Sa Majesté soupa à une petite table avec Mademoiselle, M. de Mailly et de Vintimille, M. le comte de Clermont et quelques courtisans. Les quatre autres dames soupèrent à la grande table.

Du mardi 2 février 1740.

Le roi, après le salut, est parti pour la Muette, d'où il reviendra jeudi tenir le conseil d'État à Marly. Les dames de ce voyage sont : Mmes de Mailly, de Vintimille, de Chalais et la maréchale d'Estrées ; et, ce qui est à remarquer, c'est que ces quatre dames couchent à la Muette, et on a envoyé les hommes coucher à Madrid. Mademoiselle n'est point de ce voyage, ni Mlle de Clermont, à cause de la mort de M. le duc. On dit, cependant, que Mademoiselle avait grande envie d'aller à Madrid ; elle était pour ainsi dire brouillée avec M. le duc, comme j'ai marqué ci-dessus; ainsi elle ne se pique point d'être affligée et a trouvé assez mauvais que la convenance de douleur fût une exclusion de ce voyage.

Ce qu'était le Petit Madrid

Nous croyons intéressant de donner ici quelques renseignements sur la propriété que Mlle de Charolais acquit du roi, avec l'autorisation du capitaine des chasses du Bois de Boulogne.

Le roi n'était guère large dans ses dons. Les uns disent qu'il était économe. En vrai il était avare, et il fallut l'arrivée au pouvoir de Mme de Châteauroux pour le faire agir en roi, auprès de ses maîtresses. Mme de Pompadour devait l'entraîner à des débordements et mettre les ministres sur les dents. Jusqu'en 1740, on le voit faire quelques petits cadeaux, tels que ceux dont est susceptible un simple particulier, tant à ses maîtresses qu'aux maîtresses de ses favoris, comme à Mme Amelot que Coigny avait distinguée, ce comte de Coigny à la mort duquel Mlle de Charolais fut si chagrine (1).

La princesse, qui, par sa situation, suivait la Cour en tous lieux (on trouve le nom de Mlle de Charolais dans la liste des *Marlis* de 1715) (2), quand elle désira avoir sa petite maison au Bois de Boulogne pour remplir le rôle de maq... qui la fit mépriser de tout le monde, dut s'adresser au roi, qui possédait le château de Madrid, dont M. le capitaine des chasses du Bois de Boulogne et gouverneur des châteaux de Madrid et de la Muette avait seul la jouissance.

Le capitaine était alors M. de Pezé.

Le marquis Huber Courtanel de Pezé était né en

(1) *Journal de Barbier*, t. III, p. 81.
(2) Bibliothèque Nationale, nouvelles acquisitions françaises, n° 9.689.

1660. Il entra à la Cour en 1692, comme page du roi et fit, en 1700, l'office d'aide de camp du comte de Tessé à l'armée d'Italie C'est alors qu'il prit part au combat de Carpi, au blocus de Mantoue, où même il se signala, et aux batailles de Santa-Vittoria et de Luzzara. Le 25 février 1703, il reçut la commission de capitaine, passa à l'armée de Flandre en 1704, servit en 1706 à l'armée du Rhin sous les ordres de Villars, figura à Oudenarde, à Malplaquet, aux sièges de Landau et de Fribourg et, enfin, fut nommé gouverneur de la maison royale de la Muette le 10 avril 1719. Il succédait au fameux comte de Riou, qui laissa les tristes souvenirs de ses relations obcènes avec la fille du Régent, Mme la duchesse de Berry.

Cette nomination ne l'empêcha pas de continuer à acquérir des grades militaires. Le 20 juin, il devenait brigadier du régiment de Roi-Infanterie et gouverneur de Rennes en 1722. Promu maréchal de camp le 24 avril 1727, il servit à l'armée d'Italie de 1733 à 1734. Il venait d'être nommé lieutenant général lorsqu'il fut mortellement blessé à la bataille de Guastella, le 19 septembre 1734. Il mourut le 23 novembre suivant.

Comme nous l'avons dit, le roi, tout désireux qu'il fût de donner cette propriété à Mlle de Charolais, la lui fit bel et bien payer.

Nous en trouvons une longue description dans l'inventaire qui fut fait à la mort de la princesse, par la donation des biens à « Louis-François-Joseph de Bourbon-Condé, comte de la Marche, légataire universel à la charge substitution au profit de son fils aîné, suivant son testament olographe du 2 avril 1758 déposé chez Mareschal, notaire, le 8 du même mois et contrôlé à Paris le 10 ».

Les bâtiments étaient très vastes et donnaient ou sur le château de Madrid ou sur les jardins regardant Boulogne.

On y trouve 8 cuisines, 3 offices, 1 salon, 1 salle de compagnie, 2 salles à manger, 46 chambres à coucher, 19 garde-robe, 8 petits cabinets, 3 antichambres, 1 lingerie, 1 salle pour la bibliothèque, 1 garde-manger, 1 charbonnier, 1 échaudoir, 1 chapelle, 1 étable, 1 grange, 1 grenier, 1 poulailler, 1 parterre, et, sur la Seine qui coule auprès de la maison, des bateaux de plaisance.

Le jardin s'étendait devant la maison qui avait sa façade du côté de Boulogne ; c'était une immense pelouse de forme rectangulaire ; une seule allée y était tracée ; mais elle était sinueuse et, dans sa marche, on était surpris d'y rencontrer des carrés libres, des ronds sablés, où étaient installés des chaises et des fauteuils de campagne ; tournant sur elle-même, cette allée, qui parcourait toutes les parties de la pelouse, sortait sur une autre pelouse triangulaire qui touchait au mur enveloppant le Bois de Boulogne et que l'on dénommait tapis.

A son extrémité, non loin de la porte de Bellanger, était une petite ménagerie. C'était un bâtiment carré entourant une cour, au centre de laquelle s'élevait un autre bâtiment en forme de tour.

On arrivait au Petit Madrid par la route de Neuilly à Longchamp ; les carrosses franchissaient deux corps de bâtiments, dont l'un fut occupé par l'avocat Barbier, et entrait dans une esplanade triangulaire et bordée de deux rangées d'arbres. Le château de Madrid, auquel on arrivait par un pont franchissant une douve, était laissé à droite.

C'était alors la grande époque de Longchamp. « C'était

une inauguration des promenades, une fête publique
du printemps, un salut donné en grande pompe aux
premiers rayons du soleil, aux feuilles nouvelles et aux
modes à venir. On y accourut de Paris, de Saint-Germain et de Versailles, à pied, à cheval, et en voiture,
les dames en grande toilette, les officiers de la maison
du roi en brillants uniformes, la finance avec ses doru-
res, ses diamants et son opulence de fraîche date, les
filles d'Opéra dans leur luxe insolent, les beautés à la
mode, les impures, comme on les appelait, se pavanant
dans leur effronterie acclamée... Carrosses somptueux,
carrosses de remise, calèches, fiacres, cabriolets, chaises à porteurs, vinaigrettes, encombrent les allées des
Champs-Élysées et du Bois de Boulogne ; les cavaliers
font piaffer leurs élégantes montures et menacent d'é-
craser les piétons, qui nomment tout haut les maîtresses
avouées des princes et des ducs. » C'est le triomphe
de la promenade.

Et, tandis que les plus grands seigneurs et les financiers se disputent au prix de l'or les courtisanes à la
mode, et passent près du Petit Madrid presque abandonné
et qui connut tant de choses honteuses qu'aucunes Mémoires ne nous a révélé en détails, la princesse de Charolais et le roi se sont réfugiés à Versailles, dans certaine petite maison dont nous parlons plus loin et qui
est connue surtout sous le nom de Parc-aux-Cerfs.

Vente de la maison du Parc-aux-Cerfs.

« Vente par le roi notre Sire, à M. J.-B. Sévin, 27 mai
1771.

« Par-devant les notaires au bailliage de Versailles,
soussignés, fut présent très haut, très puissant et très

excellent prince Louis, par la grâce de Dieu, roi de France et de Navarre, lequel a, par ces présentes, vendu et abandonné pour toujours et promet garantir de tous troubles, à sieur Jean-Baptiste Sévin, huissier de la chambre de Mme Victoire de France et commis principal de l'un des bureaux de la guerre, demeurant rue Saint-Médéric, paroisse Saint-Louis, à ce présent et acceptant acquéreur pour lui, ses hoirs et ayant cause, une maison sise à Versailles, susdite rue Saint-Médéric, paroisse Saint-Louis, consistant en bâtiment sur ladite rue, jardin derrière et à côté, ainsi que ladite maison se comporte sans réserve appartenant à Sa Majesté au moyen de l'acquisition qu'elle en a faite *sous le nom de François Vallet,* huissier priseur au Châtelet de Paris, de J. Oremer et Elisabeth Quartier sa femme, par contrat passé devant M⁰ Patu et son confrère, le même jour, le brevet original en papier de laquelle est demeuré ci-joint, auxquels Crémer et sa femme, ladite maison appartenant de la manière expliquée à la censive de Sa Majesté, et vers elle chargée à raison de vingt sols de cens par arpent par chacun ou pour toute chose, de laquelle maison *dont Sa Majesté n'a jamais retiré aucun revenu, elle a toujours entendu jouir à titre particulier pour en disposer ainsi qu'elle jugerait à propos.*

« Cette vente, faite à la charge dudit cens seulement pour l'avenir à compter de ce jour, et sans être tenu par ledit sieur Sévin au payement d'aucuns droits de lots et ventes, contrôle, iminuation et autres, qui pourront être prétendus à cause de la présente vente, dont Sa Majesté dispense le sieur Sévin.

« La présente vente aussi faite moyennant la somme de 16.000 livres ; laquelle somme Sa Majesté reconnaît avoir présentement reçue par les mains d'Alain, l'un des notaires soussignés, qui des deniers à lui remis par ledit sieur Sévin, la lui a payée, réellement délivrée en louis d'or et monnaye ayant cours, à la vue desdits notaires, dont quittance transportant, dessaisissant, voulant procurer le porteur donnant pouvoir.

« Reconnaissant, ledit sieur Sévin, que Sa Majesté lui a fait remettre l'expédition en parchemin du contrat susdaté, ensemble tous les titres et pièces que ledit Vallet a reconnus par celui lui avoir été remis par lesdits Oremer et sa femme dont décharge.

« Car ainsi, promettant, obligeant, renonçant ; fait et passé audit Versailles, à l'égard de Sa Majesté en son appartement au château, et à l'égard dudit sieur Sévin ès-étude, l'an 1774, le 27 mai, avant midi. Sa Majesté a signé, ainsi que le sieur Sévin.

LOUIS

DUCRO.   SÉVIN.   ALAIN. »

Nous sommes heureux d'adresser ici nos remerciements à M. de Cambis, qui a bien voulu distraire de ses collections les deux rares portraits de Mlle de Charolais, que nous reproduisons dans cet ouvrage.

2252. — Tours, imprimerie E. ARRAULT et Cⁱᵉ.